BUREAUX-TOC, BONJOUR !

Comédie d'André MARRAS

Comédie composée de saynètes humoristiques sur le thème du travail bureaucratique

Dédicace de l'auteur :

Je dédie ce livre au théâtre amateur, et plus précisément à tous les membres des compagnies théâtrales « Passanlou Productions » et « Les Saisonniers », qui ont participé à mettre en vie ces saynètes, avec une pensée plus particulière pour Jean-Jacques, le metteur en scène de « Passanlou Productions ».

Mention obligatoire :

Cette comédie, « Bureaux-toc, bonjour ! », a été publiée pour la première fois sous le titre « Les bureaux-toc » aux Éditions Le Manuscrit (contrat du 15/10/2007). Ce contrat a été résilié le 06/12/2021.

DU MÊME AUTEUR

Roman policier publié chez BoD

MEURTRE AU PAYS DU VAUTOUR FAUVE

Édition : BoD - Books on Demand,
info@bod.fr
Impression : BoD - Books on
Demand, In de Tarpen 42,
Norderstedt (Allemagne)
Impression à la demande
ISBN : 978-2-3224-5306-1
Dépôt légal : Novembre 2022

BUREAUX-TOC, BONJOUR !

Comédie d'André MARRAS

Comédie composée de saynètes humoristiques sur le thème du travail dans les bureaux. Divertissement dans lequel chaque lecteur ou spectateur prendra un malin plaisir à reconnaître tantôt un chef, tantôt un collègue de travail… mais lui : se reconnaîtra-t-il ?

"- une trentaine de personnages : quelle super production !", serait-on tenté d'affirmer… Mais, en fait, à partir d'une troupe animée par six comédiens, il est possible d'interpréter "Bureaux-Toc, bonjour !", chaque saynète ne mettant en présence jamais plus de quatre femmes et deux hommes.

Durée : 1 h 30.

Le décor : Décor unique. Un vieux bureau. Les murs, la vieille horloge, les meubles de rangement, le vestiaire, les deux bureaux, le téléphone sont dans les tons de gris sales et autres couleurs ternes. Prévoir, sur l'un des meubles bas, le "coin café". En avant-scène et sur l'un des deux côtés (à l'extrême droite ou à l'extrême gauche): la petite table, ou le pupitre, et la chaise de l'auteure, Madame PLUME.

L'EMPLOYÉE MODÈLE

PERSONNAGES :

Madame PLUME : Madame PLUME est le personnage supposé être l'auteure de la pièce de Théâtre.

JUSTINE : L'employée modèle. Elle ne parle pas, ne se distrait jamais, travaille sans cesse.

Le rideau se lève sur Madame PLUME qui s'adresse, comme souvent, directement au public.

Madame PLUME
- Bienvenue à vous : amis spectateurs ! Soyez bienvenus au sein des "Bureaux-Toc", au coeur des bureaucrates, au décor "bureautique". Surtout, n'ayez aucune crainte : vous n'aurez à remplir aucun formulaire ni à subir d'interminables heures d'attentes avec l'espoir de pouvoir enfin mettre un point final à votre dossier… Non ! Pour l'heure, je vous invite à vous amuser sur le dos de quelques caricatures d'employés de bureau, et donc aussi sur mon propre compte ; car, si j'écris notamment des pièces de Théâtre comme celle-ci pendant mes heures de loisir, avant de devenir enseignante, je fus également chef de bureau dans l'administration. Je ne voudrais pourtant pas que vous pensiez que ce métier manquât de personnes sérieuses. C'est pourquoi j'ai décidé de vous présenter Justine : un personnage "hors sujet".

Entrée de Justine qui, sans un regard vers Madame PLUME, sort tout de suite des dossiers d'un tiroir ainsi que du matériel de bureau (crayon à bille, machine à calculer…), et travaille avec acharnement… Madame PLUME la contemple un moment…

Madame PLUME
- Stop ! Ça suffit, Justine, arrêtez !

Justine, tout en ayant très bien entendu l'ordre donné, se dépêche de finir ses comptes, et continue donc son travail avec encore plus d'acharnement.

Madame PLUME
- … Mais vous m'écoutez quand je vous parle ?

Madame PLUME essaie de lui prendre sa calcu-latrice, mais l'employée ne se laisse pas faire.

Madame PLUME
- Puisque c'est comme ça : vous êtes renvoyée !

Justine, stupéfaite, change complètement d'atti-tude. Elle est choquée, cesse enfin ses comptes et tente de plaider sa cause.

Justine *(au bord des larmes)*
- Quoi ?! Après toutes ses années de bons et loyaux services…

Madame PLUME
- Ne pleurez pas : je vais vous expliquer…

Justine (*en pleurs*)
- … Moi qui n'ai jamais pris le moindre jour de maladie…

Madame PLUME
- Vous vous méprenez…

Justine
- … Moi qui n'ai jamais réclamé la plus petite heure supplémentaire…

Madame PLUME (*avec autorité*)
- Taisez-vous ! Taisez-vous !

Justine se tait.

Madame PLUME (*gentiment*)
- Je ne renvoie pas l'excellente comptable que vous demeurerez dans notre entreprise, mais le personnage qui n'a aucun intérêt pour le public.

Justine
- Oh, merci, Chef ! Je peux donc continuer mes calculs ?

Madame PLUME
- Vous les reprendrez demain. Pour aujourd'hui, j'ai trop besoin de ce bureau qui me sert de décor. À demain, mademoiselle Justine !

Justine
- À demain, Chef !

Justine sort de scène.

OUVERTURE DES BUREAUX

PERSONNAGES :

POUBELLE : la comique, vêtue d'un sac poubelle et portant une "hotte-poubelle" sur le dos.

TRIEUSE : la sérieuse, vêtue d'une combinaison aux multiples poches.

INTRODUCTION DES PERSONNAGES :

Madame PLUME
- Pour l'ouverture de mes "Bureaux", voici ces deux superbes créatures…

Entrée de Poubelle et de Trieuse.

Madame PLUME
- … Et ces deux superbes créatures, trop occupées à leurs affaires, ne soupçonnent même pas notre présence.

Elle s'assoit sur sa chaise, en avant-scène, et regarde la saynète en spectatrice.

Poubelle
- Trieuse !?

Trieuse
- Ouais !

Poubelle
- Tu sais pourquoi quand on met une corbeille à la mer, elle se noie ?

Trieuse
- Non.

Poubelle
- Parce que la corbeille a pas pied !

Poubelle éclate de rire sous le regard interrogateur de Trieuse.

Trieuse
- Et alors ?

Poubelle
- Corbeille à papiers !

Trieuse (*comprenant*)
- Ah !

Poubelle
- Elle est bonne, hein ?

Trieuse
- Qui ça ?

Poubelle
- Oh, oh ! Secoue-toi, ma vieille ! On se réveille !

Trieuse
- Fous-moi la paix ! J'ai du boulot.

Poubelle
- Et tu l'aimes bien ton boulot, ma Trieuse ?!
Alors, rends-le gai ! Comme ça : tu trouveras le
tri marrant !

*Poubelle s'esclaffe à nouveau, malgré l'indif-
férence de Trieuse qui continue son rangement.*

Poubelle
- Ah, ah ! Le tri marrant… Tu piges toujours
pas ?

Trieuse
- Comme le bateau !?

Poubelle
- Bravo ! Elle a compris.

Trieuse
- Assez rigolé. Au turbin !

Poubelle
- L'un n'empêche pas l'autre… Dis, Trieuse ?

Trieuse
- Ouais !

Poubelle
- Et si on organisait un repas dansant ?

Trieuse
- Pour quoi faire ?

Poubelle
- Pour s'amuser un peu. On l'appellerait : "le
repas dansant des rapatriés" !

Trieuse
- Encore une blague en préparation !

Poubelle
- Toi, tu t'occuperais de la bouffe. Tu nous concocterais le "repas-Trieuse" des rapatriés…

Trieuse (*impassible*)
- Arrête : je me tords de rire !

Poubelle
- … Et moi, je serais la poubelle pour aller danser !

Trieuse
- Hilarant !

Poubelle
- Quoi !? J'essaie d'apporter une touche de bonne humeur et…

Trieuse
- Tu me casses les pieds !

Poubelle
- Je te trouve de plus en plus "mons-Trieuse" !

Trieuse
- Ferme ta bouche d'égout : tes plaisanteries sont pleines de déchets !

Poubelle
- Quoi de plus naturel, pour une poubelle ! Et puis d'abord, je l'ouvre quand je veux, ma bouche d'égout. Fouille-merde !

Trieuse
- Ordure !

Poubelle aperçoit le public.

Poubelle
- Oh, oh ! Trieuse ?

Trieuse
- Ouais !

Poubelle
- Jette un petit coup d'oeil de ce côté-ci !

Trieuse
- Elle date un peu, celle-là…

Trieuse se retourne vers la salle.

Poubelle
- Le rideau est levé, ma belle !

Trieuse
- Alors…

Poubelle
- … Assez rigolé !

Trieuse
- Au turbin !

Poubelle et Trieuse s'adressent aux spectateurs.

Poubelle
- Bonsoir, Mesdames…

Trieuse
- Mesdemoiselles…

Poubelle
- Messieurs !

Trieuse (*à Poubelle*)
- On s'présente ?

Poubelle
- Allez !

Trieuse
- Moi : c'est Trieuse…

Poubelle
- Et moi : Poubelle !

Trieuse
- Nous sommes les femmes…

Poubelle
- … de méninges de l'auteure.

Trieuse regarde fixement un spectateur.

Trieuse
- Pas de ménage : de méninges !

Poubelle (*regard vers le même spectateur*)
- Ça commence à peine et il a déjà rien compris, le monsieur !

Trieuse
- Nous, on vit dans la tête de l'auteure.

Poubelle
- Entre nous, à propos de hauteur, elle est très près d' la terre, cette femme-là !

Trieuse
- Tais-toi : on va se faire virer.

Poubelle
- Pas de danger : c'est elle qui a écrit ce que l'on a crié !

Trieuse
- T'as raison, ma Poubelle, mais reprenons le boulot.

Poubelle
- Et on vous en parle pas, du boulot, parce que, côté "gamberge", elle dépense des pensées comme c'est pas pensable ! Y a des moments, j'envisage de déménager. Je rêve d'habiter un petit cerveau tranquille.

Trieuse
- Réveille-toi, j'ai besoin d'un coup de main !

Poubelle
- Présente, Chef !

Trieuse (*commençant son tri*)
- Alors, pour le moment… poèmes, sketches et chansons : poubelle !

Poubelle
- Passe-moi ça !

Poubelle prend les livres et les met dans sa hotte.

Trieuse
- Ah, voilà : "Bureaux-Toc, bonjour !" !

Poubelle
- Passe-moi ça !

Poubelle enlève le texte des mains de Trieuse et s'apprête à le déposer dans sa hotte.

Trieuse (*rattrapant le texte au vol*)
- Non ! Pas celui-là, malheureuse ! C'est le spectacle d'aujourd'hui !

Poubelle
- Ah ! Et de quoi qu'on cause ?

Trieuse
- Ça cause "Théâtre" : quelques saynètes sur le thème du travail dans les bureaux.

Poubelle
- Ça doit être barbant !

Trieuse
- Non, non ! Tu verras. C'est un mélange de vécu, grossi par un soupçon de caricatures, pour rire un bon coup sur le dos des autres, et aussi quelquefois sur son propre compte.

Poubelle
- Pas mal, ton programme. Et ça commence quand ?

Trieuse
- Tout de suite !

Poubelle
- Et si on y allait ?

Trieuse
- Allons-y ! À bientôt, M'sieurs-Dames !

Poubelle
- … Et bonne soirée !

Sortie des femmes de méninges.

PAUSE CAFARD

PERSONNAGES :

FRANCK : l'employé franc.

FOCU : l'employé faux.

Madame BOULE : "La" Chef rondelette.

INTRODUCTION DES PERSONNAGES :

Madame PLUME
- Après deux femmes et pour respecter la parité, voici deux hommes…

Entrée de Franck et de Focu.

Madame PLUME
- … pour une pause "cafard".

Franck
- Terminus, Monseigneur ! À l'heure de la pause, même les braves se reposent !

Focu
- Arrête, Franck ! Je voudrais finir…

Franck
- Souffle un peu, Focu. Oh, pardon ! Je ne me souviens jamais de ton prénom.

Focu
- Appelle-moi Focu, comme tout le monde : j'ai l'habitude.

Franck
- Et ça ne te gêne pas ?

Focu
- "Focu" est mon nom de famille. Alors, tu penses ! Depuis ma naissance, j'ai eu le temps de m'y faire.

Franck
- Moi, je ne m'y ferais pas.

Focu
- Tu n'en sais rien.

Franck
- J'en suis persuadé. Je ne supporterais pas toute une vie ce nom qui te rabaisse. Quitte à payer : je le ferais modifier, même d'une seule lettre.

Focu
- Excellente idée ! Je pourrais tout aussi bien me nommer "Cocu" ! Quoique ma préférence irait à "Bocu", mais pour mériter cette appellation, il faudrait que je me muscle correctement du côté des fessiers, pour ne pas paraître prétentieux.

Franck
- Chapeau ! Franchement, chapeau ! Je t'admire.

Focu

- Voilà que tu m'admires, à présent. Jusqu'ici, tu me plaignais.

Franck

- J'admire ta patience… ainsi que ta gentillesse, car enfin ta bonté naturelle n'est guère assortie à ton vilain nom de famille.

Focu

- Que de compliments ! Mais, dis-moi : tu veux combien ?

Franck

- Non, rassure-toi : l'argent n'est pas ma tasse de thé. Non, un petit café suffira.

Focu

- À propos de café, rends-moi service, s'il te plaît ! Va chercher l'eau du café à ma place, aujourd'hui.

Franck

- Allons, Focu. Tes dossiers t'attendront bien cinq minutes. Ton esprit sera même plus clair quand tu les reprendras… Et puis, n'oublie pas : tu dois travailler tes muscles fessiers !

Focu

- Non, tu te trompes. Les dossiers n'ont rien à voir dans cette histoire. En fait, Wendy m'a prêté ce "C.D." et je voudrais le lui rendre. Seulement, à chacune de nos rencontres, nous parlons "musique", le temps passe sournoisement et Madame Boule ne supporte pas que je m'absente trop longtemps du bureau.

Franck
- Là, mon vieux, tu exagères ! Tu trimes assez toute la journée pour qu'elle puisse t'accorder dix minutes de répit.

Focu
- Je préfère rester en bons termes avec la chef.

Franck
- La chef, la chef, la chef ! M'dame, puis-je aller faire pipi ? M'dame, puis-je respirer ? Puis-je manger ? Puis-je occuper plus de temps les toilettes, pour la grosse commission ?

Focu
- Arrête, tu deviens grossier !

Franck
- C'est ta servitude qui me met dans cet état. Parce que tu t'imagines qu'elle se gêne, elle, ta chef ?! Voilà plus d'un quart d'heure qu'elle est partie.

Focu
- Oui, mais je t'assure qu'elle abat plus que sa part de travail.

Franck
- Je n'ai jamais prétendu le contraire. Mais, justement, tout en accomplissant correctement son boulot, elle se change les idées de temps en temps. Pourquoi pas nous ?

Focu
- Agis à ta guise. Moi, je n'ose pas.

Franck
- Tiens, tu es trop bête. Donne ce CD. Je le remettrai moi-même à Wendy et nous discuterons "musique". Et nous en discuterons pendant un bon quart d'heure. La chef s'octroie un quart d'heure de détente : j'en ferai donc de même !

Focu
- Arrête, tu risques d'être mal considéré.

Franck
- Arrête, arrête, arrête ! Débranche ton magnétophone : tu te répètes, mon vieux ! Moi, je n'arrête pas : je commence ! Je commence ce que tu n'as jamais commencé. Note bien que tu n'as pas à me remercier : j'agis autant dans mon intérêt que dans le tien. Et qu'elle ne s'avise pas de me le reprocher.

Focu
- Ne sois pas trop dur avec elle. Elle s'énerve pour un rien, en ce moment, et elle en souffre.

Franck
- Elle souffre ?

Focu
- Oui, de problèmes digestifs.

Franck
- À mon avis, ses problèmes digestifs s'estomperont quand elle mangera moins.En voilà une qui porte bien son nom : madame Boule !

Focu
- Arrête !

Franck
- Encore !

Focu
- Arrête, je l'entends qui vient !

Entrée de Madame Boule.

Mme Boule
- Mes narines réclamaient une bonne odeur de café…

Franck
- J'y allais, M'dame ! À vos ordres, M'dame !

Sortie de Franck.

Mme Boule
- Qu'est-ce qu'il lui prend ?

Focu
 - Rien, rien !

Mme Boule
 - Encore un que vous tentez de protéger !?

Focu
- Il est jeune, il ne faut pas lui en vouloir.

Mme Boule
- Votre bonté vous perdra, mon bon Focu.

Focu
- Votre gentillesse n'a rien à envier à la mienne, Madame Boule… Même si d'autres ne savent pas l'apprécier à sa juste valeur.

Mme Boule
- J'en étais sûre. D'autres, autrement dit : ce jeune Franck ?!

Focu
- Ce n'est pas ce que j'ai voulu dire !

Mme Boule
- Vous mentez très mal, mon bon Focu. Je devine même ce que vous essayez de me cacher.

Focu
- Vous m'étonnerez toujours. Je m'étais pourtant juré…

Mme Boule
- Alors ? Encore un qui me casse du sucre sur le dos ?

Focu
- Si peu !

Mme Boule
- Allons ! Dites-moi tout, Focu ! De toute façon, tôt ou tard, je découvrirai la vérité.

Focu
- C'est délicat !

Mme Boule
- Enfin, mon ami, vous connaissez ma discrétion. À chacune de vos mises en garde, j'ai agi, sans vous mettre en cause.

Focu

- Je n'en doute pas, Madame. Vous avez toute ma confiance. Mais, décidément, vous jouez de malchance. Tous vos nouveaux employés se croient obligés de vous critiquer en ma présence, et ma franchise à votre égard m'amène tout naturellement à vous en rendre compte. Finalement, j'interprète régulièrement, et à mon insu, le personnage dénonciateur, l'oiseau de mauvais augure. Je vous avoue que ce rôle ne me plaît guère.

Mme Boule

- Ne vous culpabilisez pas, mon bon Focu ! Vous restez l'une des rares personnes auxquelles je me confie volontiers. Mais, à propos de confidences, j'attends les vôtres !

Focu

- Bien. Puisque je m'y vois contraint, je ne vous en rapporterai que l'essentiel.

Mme Boule

- Comme d'habitude, vous me forcez à vous tirer les vers du nez. D'accord, allons-y ! Voyons… Tout d'abord : une allusion mesquine à propos de mes rondeurs, sans aucun doute ?!

Focu

- Oh, si peu !

Mme Boule

- Si peu, mon oeil !

Focu

- Il ne s'est pas étalé sur le sujet.

Mme Boule
- Mais encore ?

Focu
- Il a seulement suggéré que vous devriez manger… plus modérément.

Mme Boule
- C'est tout ce que vous désirez m'en confesser, mais je visualise très bien la scène :…
"- où qu'elle est, la bouboule, la bouboule qui roule ? Ne l'énervez pas, Focu, sinon elle menace de se mettre en boule !" N'est-ce pas, Focu ?

Focu
- Mais non, Madame Boule, mais non ! Vous vous emportez !

Mme Boule
- Vos efforts pour me ménager me prouvent que je suis dans le vrai… Ensuite ?

Focu
- Quoi "ensuite" ?

Mme Boule
- Après m'avoir ridiculisée sur mon embonpoint, qu'a-t-il ajouté ?

Focu
- Arrêtons-là, s'il vous plaît. Vous le prenez trop à coeur.

Mme Boule
- Ensuite ?

Focu
- Ensuite, il a décidé de s'accorder le même temps de détente que celui que vous vous octroyez… selon lui.

Mme Boule
- Ah, il a dit ça ! Je l'imagine tout à fait en train de cracher son venin : "- non seulement elle est grosse, mais de plus elle est feignante !"

Focu
- Oh, non, Madame Boule ! Je vous assure que non.

Mme Boule
- Restez en dehors de ça, mon bon Focu. Je règle mes affaires moi-même.

Focu
- Bien, Madame Boule.

Mme Boule
- D'ailleurs, je trouve qu'il en met du temps pour remplir d'eau une malheureuse cafetière ! Je m'en vais le chercher, et nous irons aux archives.

Focu
- Bien, Madame Boule.

Mme Boule
- Non, non ! L'énergumène et moi seulement. Vous, je vous libère pour l'après-midi, pour vous récompenser de votre franchise.

Focu
- Merci beaucoup, Madame Boule !

Mme Boule
- Quant à nous, nous rangerons des dossiers jusqu'à ce soir. Et nous verrons qui, de lui ou de la grosse feignante, abattra le plus de travail.

Focu
- Ce sera la gro… ce sera vous, Madame Boule, assurément !

Mme Boule
- Merci, mon bon Focu. Passez une agréable soirée !

Focu
- Bonne soirée également, Madame Boule ! À demain !

Sortie de Madame Boule. Resté seul, Focu téléphone.

Focu
- Allo ?! Allo, chérie… J'ai préféré te prévenir. Inutile de me téléphoner au bureau, cet après-midi : nous descendons aux archives… Oui !… Moi aussi, je t'aime !… À ce soir !

Focu raccroche le téléphone qui sonne aussitôt.

Focu
- Bureaux-toc, bonjour !… Ah, c'est toi, Wendy ! Tu es prête, mon amour ?… Je viens de joindre mon épouse et, devine quoi ?… Je t'appartiens

jusqu'à ce soir… On se rejoint tout de suite où tu sais !… Je t'aime !

Focu (*au public*)
- Eh bien quoi ?! C'est pas de ma faute : je m'appelle Focu !

Sortie de Focu.

L'ALLUMEUSE ALLUMÉE

PERSONNAGES :

NATACHA : l'allumeuse.

DIMITRI : le faux timide.

INTRODUCTION DU PERSONNAGE :

Entrée de Natacha qui tient son téléphone portable collé à l'oreille.

Madame PLUME (*à la vue de Natacha*)
- Cette manie de passer sa vie au téléphone…

Natacha répond au téléphone.

Natacha
- Oui… Oui, mais… mais je…

Natacha se met à hurler.

Natacha
- Ta gueule !

Un silence. Puis, reprenant son calme et par la même occasion sa conversation.

Natacha
- Excuse-moi, ma chérie, mais depuis une demi-heure, tu me joues ton monologue alors que tu me téléphonais pour que je te fasse mes confidences. Bon. Alors, figure-toi ma grande

qu'aujourd'hui, pour son dernier jour de remplacement : je lui sors le grand jeu… Aucun risque, tu m' connais !… Mieux qu'une bonne affaire : le futur bras droit du grand patron. Il me l'a dit, mais je suis la seule à le savoir dans le service… Ça m'étonnerait. Pas le genre à se vanter. Plutôt timide, le garçon ! Côté physique, y a mieux, mais je m'en fous ! Du moment qu'il est plein de…

Elle reste sans voix un bref instant à l'entrée de Dimitri.

Natacha (*comme à une cliente*)
- Mais, avec plaisir, Madame… Vous ne m'importunez nullement, je ne fais que mon travail… Vous êtes trop aimable… À votre service… Au revoir, Madame.

Natacha range son portable dans son sac.

Dimitri (*saluant timidement Natacha*)
- Bonjour, Mademoiselle !

Natacha
- Bonjour, Monsieur Dimitri !

Dimitri (*surpris par la situation et gêné de poser la question*)
- Vous donnez votre numéro de portable aux clients ?

Natacha
- Oui, mais… Une seule fois, pour un dossier délicat. Je me rends compte à présent de mon erreur et j'éviterai ce genre de bonne action à

l'avenir. Cette cliente abuse de ma gentillesse et devient quelquefois presque familière.

Un silence.

Natacha
- À propos de familiarités, pour notre dernier jour de travail en commun, j'espérais un baiser.

Dimitri (gêné)
- Mademoiselle Natacha !

Natacha
- Vous vous refusez à me baiser ?

Dimitri (*ne sachant plus où se mettre*)
- Taisez-vous, Mademoiselle, taisez-vous ! Vous divaguez ?!

Natacha
- Me baiser la joue, Monsieur Dimitri. Seulement la joue… Me faire la bise, quoi !

Dimitri (*soulagé*)
- Ah, vous m'avez fait peur.

Natacha (*feignant d'être vexée*)
- Charmant !

Dimitri
- Vous vous méprenez !

Natacha
- On se tait !

Elle l'embrasse longuement sur la joue, puis lui tend la sienne qu'il baise rapidement.

Natacha (*après un silence*)
- Ça va mieux ?

Dimitri (*tout émoustillé*)
- Ça va… Où suis-je ?

Natacha
- Dans le bureau et à la place de Monsieur BIDOU, mon chef, que vous remplacez jusqu'à ce soir.

Dimitri
- Ah, oui… Natacha !

Natacha (*aguichante*)
- Qu'y a-t-il pour votre service, Dimitri ?

Dimitri (*confus*)
- Oh, pardon, Mademoiselle Natacha !

Natacha
- Vous pardonnez ?! De quoi ?

Dimitri
- Je ne sais pas ce qui m'a pris. C'est sorti tout seul. J'ai oublié le "Mademoiselle" et me suis cavalièrement permis, dans un stupide moment d'égarement…

Natacha
- Vous êtes inexcusable !

Dimitri (*surpris*)
- Pardon ?

Natacha
- Aussi je ne vous excuse pas… je vous félicite ! Oublions "Monsieur" et Mademoiselle". Soyons tout simplement Dimitri et Natacha !

Dimitri
- Comme vous y allez !

Natacha
- Écoutez votre coeur, Dimitri ! C'est grâce à lui que le "Mademoiselle" fut gommé.

Dimitri
- Croyez-vous ?

Natacha
- Sans aucun doute !

Dimitri
- Mais, sur le travail…

Natacha
- Ne pensez plus au travail ! Vous avez réussi à mettre à jour tous les dossiers de Monsieur BIDOU, même ceux qui étaient recouverts d'une couche de poussière…

Dimitri (*regagnant son bureau*)
- Tout de même, une touche finale sur ce document me paraît nécessaire.

Natacha
- Oh, vous, les touches, ça vous connaît !

Dimitri, plongé dans son travail, ne semble pas comprendre les messages de Natacha.

Dimitri
- Comment ?

Natacha
- Dimitri ?

Dimitri
- Oui !?

Natacha
- La musique ne vous dérange pas ?

Dimitri
- Pas le moins du monde.

Natacha
- Parfait. Alors, en avant pour la musique !

Natacha met en route la musique romantique qu'elle avait déjà sélectionnée. Elle bouge un peu au rythme de la mélodie pour capter l'attention de Dimitri… Mais la tête de ce forcené du travail ne se décidant pas à se lever, elle abandonne sa démonstration de danse.

Natacha
- Dimitri ?

Dimitri
- Oui, Natacha ?

Natacha
- Quelle chaleur, tout à coup ! Vous ne trouvez pas ?

Dimitri
- Aérez un peu la pièce, si vous le désirez !

Natacha
- Non. Vous risqueriez d'attraper froid. Je préfère enlever ma veste.

En ôtant ce vêtement, Natacha dévoile un superbe décolleté que Dimitri n'entrevoit même pas, toujours plongé dans ses dossiers.

Dimitri
- Natacha, s'il vous plaît !?

Natacha s'approche de lui.

Dimitri
- Il me manque une…

Il s'arrête net à la vue du spectacle offert par sa collègue, qui avance lentement vers sa proie.

Natacha
- Une… ?

Dimitri (*désemparé*)
- U… U… Une…

Natacha (*de plus en plus provocante*)
- Une quoi ?

Elle est arrivée maintenant à côté du pauvre diable, encore cloué sur sa chaise. Elle se penche… Et là, miracle : il parvient à sauter de son siège.

Dimitri (*essoufflé*)
- Une bonne bouffée d'air pur ! Ouf, c'est vrai qu'il fait chaud, ici !

Natacha, fière de son effet, laisse sa future victime reprendre son souffle.

Natacha
- Quand je vous le disais. Mettez-vous à l'aise !

Dimitri (*surexcité*)
- Mais je suis parfaitement à l'aise, complètement décontracté ! C'est mon côté "Yoga" !

Natacha
- Vous devez en connaître, des postures, vous ?!

Dimitri
- Et comment !

Natacha
- Mieux que les traditions !

Dimitri
- Les traditions aussi ! Je respecte toutes les traditions.

Natacha
- Menteur !

Dimitri
- Je vous assure…

Natacha
- Quelques-unes, peut-être, mais pas toutes !

Dimitri
- Mais enfin, Natacha…

Natacha
- Ici, la tradition veut que le partant invite ceux qui restent au restaurant.

Dimitri
- Ah, bon ?

Natacha
- C'est pourquoi je me permets de vous traiter de menteur puisque vous prétendez toutes les respecter.

Dimitri
- Mais je maintiens ce que j'affirme et, bien qu'ignorant jusqu'alors cette coutume, je l'adopte immédiatement.

Natacha (*triomphante*)
- Vous m'emmenez au restaurant ?

Dimitri (*piégé*)
- Ben,… Oui !

Natacha (*l'embrassant*)
- Oh, vous êtes un amour ! Un saut chez moi pour changer de toilette et je reviens. Ne vous sauvez pas, j'en ai pour une minute.

Sortie rapide de Natacha. Dimitri, resté seul, montre un autre visage, une autre démarche.
Le timide se transforme en homme sans scrupules et sûr de lui. Il arbore un large sourire de fierté, se frotte les mains, puis décroche le téléphone.

Dimitri
- Allo, Boris ? Tu me dois cent euros, vieux… Comme sur des roulettes… Elle gobait tellement bien que je me suis propulsé "futur bras droit du grand patron"… En fait, c'est avec son bras droit qu'il m'a indiqué la porte, puisque je suis viré dès ce soir… Toujours la même histoire… Non, j'ai couché avec sa secrétaire et… Il l'a d'autant plus mal pris qu'il est marié avec… Je te jure que je n'en savais rien… Qui ça, la secrétaire ?… Ah, elle ! Elle s'appelle Natacha. C'est une ambitieuse : elle a envie de monter. Soit, montons ! Pourvu qu'elle n'apprenne rien sur mon compte… jusqu'à l'hôtel. Elle jubilera ce soir, en montant, mais demain matin, quand j'irai chercher ces fameuses cigarettes que je ne trouve jamais… Oui, tu as raison. Ils doivent être en rupture de stock… C'est ça, à très bientôt… Et n'oublie pas tes dettes !

Sortie de Dimitri.

LES INSÉPARABLES

PERSONNAGES :

GISÈLE : l'employée calme, amie de Wendy.

WENDY : l'employée vive, amie de Gisèle.

Madame POTIN : la chef, gentille, mais commère.

INTRODUCTION DES PERSONNAGES :

Madame PLUME
- L'amitié, ça existe aussi chez les bureau-crates. Tenez, entre Gisèle et Wendy, par exemple…

Entrée de Gisèle et de Wendy, en pleine conver-sation.

Gisèle
- Quelle pêche d'enfer, ma Wendy !

Wendy
- Gisèle, ma chérie, je suis amoureuse !

Gisèle
- Encore !

Wendy
- Encore et toujours.

Gisèle
- Et toujours pour un mois.

Wendy

- Mauvaise langue ! Ça dure quelquefois… plus d'un trimestre.

Gisèle

- Mais plus souvent… moins de quinze jours.

Wendy

- Tout le monde ne peut pas être comme toi : la femme d'un seul amour.

Gisèle

- Vis comme tu l'entends, ma chérie. Ne change pas, je t'aime comme tu es !

Wendy

- Preuve que les opposés s'attirent : nous sommes les meilleures amies du monde tout en n'ayant rien en commun.

Gisèle

- Rien. Tu exagères. Je nous connais au moins deux points communs.

Wendy

- Ah oui ? Lesquels ?

Gisèle

- Le même emploi, et surtout la même amitié l'une pour l'autre.

Wendy

- Bien raisonné, ma Gisèle, mon ange gardien. D'ailleurs, quand je t'écoute, je compare ta voix à celle de ma mère (*elle imite sa maman en se moquant d'elle)* : « - fais attention, ma fille ! Méfie-toi ! ».

Gisèle
- Ma Wendy en plein délire ! Je devine la pensée que traduisent tes paroles.

Wendy
- Les petits capuchons. Ne t'inquiète pas, Maman, je ne sors jamais sans eux.

Gisèle
- Sans rire, parfois je tremble pour toi. Tu es tellement enthousiaste. Si, pour l'amour d'un beau garçon, tu te laissais convaincre de te passer de préservatif…

Wendy
- Non, non, non ! Je te le répète pour la énième fois : ne t'inquiète pas ! Je croque la vie à pleines dents, je l'avoue, mais j'y tiens à ma vie, tu sais ?! Et puisque tu y tiens aussi, je prends mes précautions.

Gisèle
- Excuse mon côté "rabat-joie", mais ce fléau me terrorise.

Wendy
- Abrège, Maman Gisèle. Abrège, s'il te plaît !

Gisèle
- Promis, je me tais.

Wendy
- Jusqu'à la prochaine fois !?

Gisèle
- Évidemment. Ta seconde Maman veille sur toi.

Wendy (*entendant un bruit*)
- Ce bruit de moteur m'est familier. Notre chef arrive.

Gisèle
- Le temps de la saluer, et je me retirerai dans la pièce voisine afin d'y taper une lettre, comme tous les matins.

Wendy
- Puis, ton travail terminé, mon tour viendra de m'isoler dans la pièce voisine, afin d'y taper une lettre, comme tous les matins.

Entrée de Madame POTIN.

Gisèle et Wendy (*en choeur*)
- Bonjour, Madame POTIN !

Mme POTIN
- Bonjour, les filles ! En forme pour le travail ?

Gisèle
- En forme, comme tous les matins ! Je vous laisse. À tout à l'heure !

Mme POTIN
- À plus tard, Gisèle !

Sortie de Gisèle.

Mme POTIN

- Alors, ma petite Wendy, quoi de neuf ?

Wendy

- Un nouveau fiancé.

Mme POTIN

- Ça ne m'étonne pas. Vous, au moins, vous savez profiter de la vie. Pas comme cette pauvre Gisèle qui gâche ses plus belles années.

Wendy

- La malheureuse ! Je m'évertue pourtant à lui répéter :"- profite ! Profite de la vie !"

Mme POTIN

- Cette fille, très gentille, mais beaucoup trop molle, devrait se dégourdir un peu.

Wendy

- Je ne compte plus les conseils que je lui ai donnés.

Mme POTIN

- Les écoute-t-elle ? Bien sûr que non !

Wendy

- Si encore elle se maquillait, même légèrement. Pensez donc ! Jamais le plus petit trait de crayon, pas la moindre trace de rouge à lèvres.

Mme POTIN

- Les hommes ne sont pas dupes, vous savez !?

Wendy

- Tout à fait. Ils reconnaissent et apprécient les femmes de notre tempérament, celles qui s'efforcent de leur plaire… Mais celles, comme Gisèle, qui les snobent…

Mme POTIN

- Peut-être snob avec les hommes, mais gentille et sérieuse dans son travail.

Wendy

- Absolument. Sa privation de vie privée la regarde, après tout !

Mme POTIN

- Taisons-nous, la voilà !

Wendy

- J'en profite pour la remplacer à la machine.

Entrée de Gisèle.

Wendy

- Je te pique ta place !

Gisèle

- Je te la laisse volontiers !

Sortie de Wendy.

Mme POTIN

- Wendy sort encore avec un nouveau garçon !

Gisèle

- Je sais, Madame. Elle me l'a confié tout à l'heure.

Mme POTIN
- La légèreté de cette fille me stupéfie. Avec toutes ces maladies…

Gisèle
- Je me tue à la mettre en garde, mais rien n'y fait.

Mme POTIN
- Heureusement, il y a encore des filles comme vous !

Gisèle
- Quelle folie ! Tant de sérieux dans son travail et tant d'imprudences dans ses relations masculines !

Mme POTIN
- Elle, si travailleuse et si sympathique !

Gisèle
- C'est ce qui la sauve.

Mme POTIN
- À propos de "sauver", il faut que je me sauve… Car je papote, je papote... Avec plaisir, j'en conviens ! Cependant mon travail n'avance pas. Je regagne mon bureau pour préparer mon rapport. À plus tard, ma petite Gisèle !

Gisèle
- Bonne matinée, Madame POTIN !

Sortie de Madame POTIN.

Gisèle (*appelant*)
- Wendy, Wendy !

Entrée de Wendy.

Wendy
- Oui ? Téléphone pour moi ?

Gisèle
- Non, Madame POTIN prépare son rapport.

Wendy
- Alors ? Suis-je toujours aussi légère ?

Gisèle
- Plus que jamais.

Wendy
- Nous, aujourd'hui, nous t'avons trouvée très molle.

Gisèle
- Bizarre, cette manie de casser du sucre sur le dos des gens qu'on aime.

Wendy
- Imagine ce qu'elle doit balancer sur les gens qu'elle déteste !

Gisèle
- Enfin, à part ce petit défaut, elle est adorable.

Wendy
- D'autant que ce petit défaut s'est transformé en jeu.

Gisèle
- Chut, je pense…

Wendy
- Tu penses… ?

Gisèle
- Oui, je pense. Je te cherche un autre défaut, pour t'enfoncer un peu plus, demain.

Wendy
- Viens avec moi ! Nous discuterons pendant que je termine mon rôle de dactylo.

Elles poursuivent leur conversation tout en quittant la scène.

Gisèle
- Et si, pour changer, je t'inventais une aventure avec une fille ?!

Wendy
- Ah, non ! J'aime trop les hommes. Trouve autre chose.

Sortie des deux amies.

BRANCHE "CANCANS"

PERSONNAGES :

MARCEL : employé d'un bureau voisin.

LOUIS : employé de ce bureau.

INTRODUCTION DES PERSONNAGES :

Madame PLUME (*se relisant*)
- Louis travaille seul à son bureau, quand…

En regardant sur scène, elle constate l'absence de son personnage.

Madame PLUME (*appelant*)
- Louis… Louis…

Louis (entrant)
- Oui, voilà ! J'arrive !

Louis s'installe… Puis, entrée de Marcel.

Marcel
- Alors, Louis… Abandonné par tes femmes ?

Louis
- Mais je ne demande que ça : qu'elles m'aban-donnent ! Tu n'imagines pas, Marcel, à quel point j'apprécie mes quelques trop rares moments de solitude, dans cette usine à commérages.

Marcel
- Je passais juste pour te faire un brin de causette, mais si je t'ennuie…

Louis
- Non, reste ! Je préfère la solitude à leur présence, pas à la tienne !

Marcel
- Mon pauvre Louis ! De quel crime t'accusent-elles ?… Silence ! Je me concentre… J'y suis ! Tu ne laves jamais la vaisselle chez toi, elles l'ont su et t'ont traité de macho.

Louis
- Tout faux ! Elles se sont arrêtées pour la pause, elles boivent le café.

Marcel
- Et tu désapprouves le fait qu'elles prennent une pause.

Louis
- Bien au contraire ! Ça me permet de souffler cinq minutes.

Marcel
- Allez, raconte ! Quelles misères t'ont fait subir ces droguées de café ?

Louis
- Elles cancanent. Elles cancanent du matin au soir.

Ils imitent les commères.

Louis
- Figure-toi, ma chérie, que, pas plus tard que ce matin, j'ai cru m'évanouir.

Marcel
- Pas possible !

Louis
- Si ! Une vision d'enfer : j'ai revu Madame MACHIN !

Marcel
- Et alors ? Raconte !?

Louis
- Le coup de vieux ! Ma grand-mère paraît plus jeune qu'elle.

Marcel
- Elle gagnerait à ne pas repasser ses vêtements. Ses ensembles se marieraient judicieusement à sa peau, tant celle-ci est froissée.

Fin des imitations.

Louis
- Là, tu m'impressionnes. Franchement, tu m'impressionnes. Ma parole, pour les parodier aussi bien, tu dois écouter aux portes ?!

Marcel
- Candide, va ! Crois-tu qu'elles se conduisent différemment dans les autres bureaux ?

Louis
- Pas comme ici, Marcel ! Crois-moi, pas comme ici.

Marcel
- Détrompe-toi ! Chez nous autant que chez toi. Et quand ça ne critique pas, ça discute "couches-culottes", maquillage ou régime. Sorti de là, inutile d'envisager un dialogue intéressant.

Louis
- Comme j'aimerais ne travailler qu'entre hommes !

Marcel
- À qui le dis-tu !? Nos sujets de conversation seraient autrement plus variés.

Louis
- Nous aborderions… les problèmes liés au football, par exemple !

Marcel
- Surtout au football !

Louis
- Ici, lorsque je prononce le mot "football", elles me donnent l'impression d'avoir été grossier.

Marcel
- Même attitude chez nous. Tiens, quand l'équipe de France est allée en Afrique du Sud pour la coupe du Monde…

Louis
- Tais-toi, ça m'énerve !

Marcel
- Non, mais c'est pour dire…

Louis
- C'est pour dire qu'ils se sont débrouillés comme des manches !

Marcel
- Ne m'interromps pas, s'il te plaît !

Louis
- … Et leur grève, et leur attitude dans le bus… !

Marcel
- D'accord, mais la question n'est pas là !

Louis
- Et elle est où, la question, alors ? Elle est où ? Leur attitude a été inqualifiable ! Et, en plus, ils ont perdu contre l'Afrique du Sud, ces pédés !

Marcel
- (*choqué*) Oh ! Bref ! Le lendemain de ce drame, impossible d'aborder le sujet.

Louis
- Lamentable ! Le fait le plus marquant de l'actualité, pour elles, reste la couche-culotte qui absorbe le mieux. Toute la journée : à fond dans la couche ! La nuit suivante, je rêvais de l'équipe de France en couches-culottes. Quant à

toi, Marcel, ne te plains pas ! Avec Henri, vous avez dû vous remémorer quelques actions de la finale.

Marcel
- Tu plaisantes ?! Parler "Football" avec Henri : autant parler chinois !

Louis
- Henri ?

Marcel
- Il ne s'intéresse pas au football.

Louis
- Plutôt bizarre, cet Henri, non ?

Marcel
- Pourquoi "bizarre" ?

Louis
- Un homme normalement constitué qui se désintéresse du sport national…

Marcel
- Il s'entretiendra plus facilement de maquillage avec les femmes que de sport avec moi.

Louis
- De maquillage ?

Marcel
- Oui, pourquoi ?

Louis
- Alors, ne cherche plus : c'en est une !

Marcel
- Une quoi ?

Louis
- Comment "une quoi" ? Une quoi, d'après toi ?

Marcel
- Non, pas Henri !

Louis
- Un type qui n'apprécie pas le foot et qui papote "maquillage" !?

Marcel
- Non, quand même, pas Henri !

Louis
- Un type encore célibataire à plus de quarante balais et qu'on n'a jamais vu en compagnie d'une fille ?!

Marcel
- Qu'est-ce que ça prouve ? Moi aussi, je suis un célibataire de quarante balais…

Louis
- Aucun rapport ! Toi, tu aimes le football !

Marcel
- Évidemment, j'aime le football !… Ça alors ! Sacré Henri, quel cachottier !

Louis
- Rares sont ceux qui s'en vantent !

Marcel
- Si je m'attendais.

Louis
- Pauvre vieux. Finalement, tu es plus à plaindre que moi.

Marcel
- Pourtant… à le voir, comme ça, on ne dirait pas.

Louis
- Il doit sûrement faire l'homme.

Marcel
- Oh, oui ! Il fait homme, pourtant !

Louis
- Non. Il doit faire l'homme. Dans un couple d'homos, l'un fait l'homme et l'autre la femme.

Marcel
- Ah !

Louis
- Eh, oui, ce brave Henri !

Marcel
- Et moi qui lui ai offert récemment des affaires neuves de ma soeur, pour sa petite copine.

Louis
- Quel genre d'affaires ?

Marcel
- Dans le lot, par exemple, il avait choisi une robe sexy.

Louis
- Bien joué, vieux ! Tu as offert une robe sexy à un homme.

Marcel
- C'est dégoûtant !

Louis
- Calme-toi, Marcel ! Je suis là. Je témoignerai.

Marcel
- Témoigner de quoi ?

Louis
- … Que tu n'étais pas au courant !

Marcel
- Et, quand bien même je l'aurais été, on ne peut pas me traîner en justice pour ça !?

Louis
- En justice, non ! Mais, ici, les nouvelles vont vite.

Marcel
- … Et l'on supposerait que j'en fais également partie !

Louis
- D'autant plus si tu les habilles.

Marcel
- Sont-ils aussi nombreux qu'on le prétend chez les grands couturiers ?

Louis
- Hou là, là ! Pire que chez les coiffeurs !

Marcel
- Encore pire ?

Louis
- Même pas comparable !

Marcel
- Henri… Ça alors !

Louis
- Eh oui… Cinq minutes, s'il te plaît ! Je vais là où tu ne peux pas aller pour moi.

Marcel - Vas-y, je t'attends !

Sortie de Louis. Un temps. Le téléphone sonne, Marcel décroche le combiné.

Marcel
- Bureaux-toc, bonjour… Ah, c'est toi, Henri… Oui, c'est moi. Ça tombe bien : je voulais te prévenir. Méfie-toi de Louis… Non, il ne se doute de rien, mais il te soupçonne d'être homosexuel. Alors, tu imagines, s'il savait… C'est ça, je te quitte… Ne te tourmente pas, je t'inventerai une petite amie pour qu'il oublie cette pensée…

Marcel finit sa conversation téléphonique sans apercevoir Louis, de retour au bureau.

Marcel
- À ce soir, mon amour… Allez, maintenant, tu raccroches… Non, c'est toi… Non, toi…

Apercevant Louis, il sursaute, puis raccroche le combiné après avoir dit…

Marcel
- Non, c'est moi !

Louis
- Encore une petite !

Cette réplique soulage Marcel : Louis n'a pas tout entendu.

Louis
- Sacré Marcel ! Voilà un homme digne de ce nom ! Ah, si Henri pouvait être comme toi !

Noir sur scène et projecteur sur Madame PLUME qui revoit son texte.

LE FAUX ENTRACTE

PERSONNAGES :

BOBONNE : la femme de ménage (puis Madame PLUME).

Entrée de Bobonne, sous les yeux de Madame PLUME, surprise.

Bobonne
- Désolée, M'sieurs-Dames, on ferme… Non, juste pour un quart d'heure. J'suis Bobonne, la femme de ménage, et je…

Bobonne fait mine d'être interrompue par un spectateur. Elle fixe son regard vers celui-ci.

Bobonne
- Comment ?… Mais non ! Pas de "méninges", de ménage ! Il dort déjà, le monsieur, là ! En tout cas, Bobonne, elle a pas le temps d' ronfler, elle !

Elle insiste bien sur le "elle", en jetant un dernier regard en direction du "dormeur".

Bobonne
- Un quart d'heure que j'ai pour tout nettoyer. Tu parles d'un boulot ! Et pour vous tous, ça s'appelle "l'entracte". Hé ! Vous plaignez pas ! Vous, vous allez vous la couler douce, et, pendant ce temps, qui c'est qui boulonne : c'est Bobonne ! Enfin, je vous en veux pas.

Vous y êtes pour rien, vous. Pensez à moi quand vous boirez un pot. Moi, je m'en vais chercher mon seau. Allez !

Madame PLUME coupe la parole à sa femme de ménage.

Madame PLUME
- Mais qu'est-ce que vous faites ?

Bobonne
- Ben, j'annonce l'entracte !

Madame PLUME
- L'entracte ? Il n'y a pas d'entracte.

Bobonne
- Ça m'étonnerait ! Et d'abord, d'où vous sortez, vous ?

Madame PLUME
- Vous ne m'avez pas reconnu ? Je suis l'auteure.

Bobonne
- Mais, même si vous êtes "l'auteur-eu", vous me faites pas "peur-eu" ! Et puis d'abord, vous savez même pas écrire ! Depuis quand on met un "e" à auteur ?… (*au public*) Et toc ! Prends-toi ça dans les dents !

Madame PLUME
- Depuis peu, le féminin de ce mot est entré dans le dictionnaire.

Bobonne
- Bon. Merci pour l'info, mais ici, personne n'entre quand Bobonne nettoie. Alors, Madame l'auteure, à la prochaine ! Faut pas me déranger pour rien !

Madame PLUME
- N'ayez crainte ! On vous paiera tout de même !

Bobonne
- Mais pourquoi vous me l'avez pas dit tout de suite ? Dans ce cas, ça change tout ! Merci, Princesse ! Et bien l'bonsoir, M'sieurs-Dames !

Sortie de Bobonne.

DRÔLE DE MISSION POUR CUPIDON

PERSONNAGES :

CUPIDON : petit ange de l'Amour.

MODESTE : employé timide.

EUGÉNIE : employée timide.

INTRODUCTION DES PERSONNAGES :

Madame PLUME
- Revenons donc à nos moutons ! Et le terme est bien choisi pour Modeste et Eugénie…

Entrée d'Eugénie et de Modeste qui, selon des gestes bien précis, que l'on devine habituels, regagnent chacun leur place.

Madame PLUME
- … Ces deux employés modèles, par leur timidité maladive, font le désespoir du pauvre Cupidon.

Entrée de Cupidon.

Cupidon (*au public*)
- Quel dommage que, ni Modeste à ma droite, ni Eugénie à ma gauche, ne puissent me voir, et surtout m'entendre. Ça arrangerait bien les affaires du pauvre Cupidon… Cupidon : c'est moi ! Vous m'aviez reconnu, j'espère !? Voilà dix ans que Modeste et Eugénie travaillent ensemble, dix ans qu'ils s'aiment et que, malgré

tous mes efforts, ils ne parviennent pas à se
l'avouer. Ils arrivent plus tôt que prévu le
matin, partent plus tard le soir et redoutent
les week-ends. Ils ne prennent jamais de congé,
jamais de maladie : ils n'oseraient pas se
joindre en dehors du bureau. Bref ! Ils me font
tourner en bourrique !… Car, pour couronner le
tout, voilà dix ans que l'on m'a chargé de cette
mission. Dix ans que j'essaie d'inciter ces deux
têtes de mules à déclarer leur amour l'un pour
l'autre. Dix ans d'échec…

Modeste
- Avez-vous passé un bon week-end, Eugénie ?

Cupidon
- Allez, Eugénie ! Réponds-lui que tu t'es
ennuyée.

Eugénie
- Non, Modeste, je me suis ennuyée.

Cupidon
- Bien, ma grande.

Modeste
- Vous n'êtes pas sortie ?

Cupidon
- Dis-le : tu n'as pensé qu'à lui !

Eugénie
- Non. Je pensais…

Cupidon
- Ça y est !

Eugénie
- … au bureau !

Modeste
- Au bureau ?

Cupidon
- Mais non, pas au bureau !

Eugénie
- Oui. Quand un travail est inachevé, je suis pressée de revenir au bureau, pour le finir.

Cupidon
- Lâcheuse !

Modeste
- Ça ne m'étonne pas : vous êtes si méticuleuse !

Cupidon
- Un compliment ! Il s'est enfin décidé à la complimenter. Il ne devrait pas tarder à pleuvoir.

Eugénie
- Vous êtes gentil.

Modeste
- Gentil, non ! Je me contente d'être sincère.

Cupidon
- Deuxième compliment ! Pas croyable ! Il s'est dopé ce matin, à coup sûr !

Eugénie
- Et vous, Modeste, comment ça va, aujourd'hui ?

Cupidon
- Oh, non ! Pas ça !

Modeste
- Ça va… comme un lundi !

Cupidon
- Et voilà ! Il l'a dit. Ce type, ce modèle de gentillesse, est totalement dépourvu d'imagination. À chaque fois qu'Eugénie lui demande comment il va, sa réponse ne varie que selon le jour de la semaine. Et regardez-la, notre Eugénie, elle sourit encore à ce cliché, malgré dix ans de pratique. Quelle constance !

Modeste
- Vous mangez à la cantine, à midi ?

Eugénie
- Oui, pourquoi ?

Cupidon
- Comment "pourquoi" ? Parce que, lui aussi, tous les jours de la semaine, il mange à la cantine.

Modeste
- Nous pourrions y monter ensemble !?

Eugénie
- Avec plaisir !

Cupidon
- Dix ans qu'il l'accompagne à la cantine ! T'en n'a pas marre de la cantine ? Invite-la au restaurant, imbécile !

Modeste
- Si vous me le permettiez, je vous demanderais une faveur.

Cupidon
- Surprise ! Une phrase qu'il n'a jamais prononcée auparavant.

Eugénie
- Mais, je vous en prie, Modeste, demandez !

Cupidon
- Bien joué, ma chérie. C'est très bien ! Laisse-toi faire !

Modeste
- J'aimerais… si vous n'y voyez pas d'incon-vénient… si cela ne vous dérange pas…

Cupidon
- Accouche, Modeste, accouche ! Ce type va me rendre dingue !

Modeste
- J'aimerais vous convier à déjeuner !?

Cupidon
- Victoire ! Pourvu que je ne rêve pas.

Eugénie
- J'accepte, avec joie !

Cupidon
- Mission presque terminée. Je savais que j'y arriverais.

Modeste
- Alors… C'est décidé ! Je règlerai nos deux repas ce midi, à la cantine.

Eugénie
- Oh, merci ! Merci, Modeste. C'est très gentil.

Cupidon
- La cantine. Encore la cantine. Ce type veut ma mort. (*il s'agenouille, sur l'avant de la scène, et s'adresse au Ciel*) Laissez-le-moi, Seigneur ! Je vais le tuer. Je craque. Je vous le promets, il ne souffrira pas. Je n'en peux plus. Je n'en peux plus (*on le voit baisser les bras, mais toujours à l'écoute… *).

Eugénie
- Quelle délicieuse attention… Même si les plats, proposés ce lundi, ne me paraissent guère appétissants.

Modeste
- Soit ! Oublions le réfectoire. Sortons ! Je vous emmène au restaurant !

Eugénie
- Alors, allons-y ! Tant pis pour les dossiers !

Modeste
- Pour les terminer, nous resterons une heure de plus au bureau.

Eugénie
- Comme d'habitude !

Modeste
- Laissez-moi vous aider.

Il tient la veste qu'Eugénie revêt.

Eugénie
- Merci, Modeste. Vous voilà plus sûr de vous, depuis quelques instants ! Je me trompe ?

Modeste
- C'est vrai ! Je me sens comme libéré d'une force maléfique.

Eugénie
- J'éprouve aussi cette impression bizarre, et je suis ravie de ce changement.

Modeste
- Changeons également de décor, si vous le voulez bien !?

Eugénie
- En route !

Modeste
- Après vous !

Sortie d'Eugénie et de Modeste.

Cupidon
- Une force maléfique ! C'est la fin de tout. Il suffisait peut-être de leur foutre la paix, tout

simplement. Pauvre de moi ! Pauvre Cupidon… Va falloir que je songe à changer de métier, moi !

Sortie de Cupidon.

L'ENTIER ET L'ANTILLAISE

PERSONNAGES :

Julie DELORME : "l'Antillaise".

Max KARL : "l'entier".

Madame COSTA : "la" chef.

INTRODUCTION DES PERSONNAGES.

Madame PLUME (*se relisant*)
- Au commencement de la saynète, Julie prend place devant son bureau, situé à droite…

Entrée de Julie, qui s'installe à droite.

Madame PLUME (*se reprenant*)
- Non ! Après mûre réflexion, je la placerai plutôt sur la gauche.

Julie, énervée, change de place.

Madame PLUME (*s'amusant*)
- Finalement, ma première idée était la bonne :… à droite !

Julie, excédée, retourne à droite.

Madame PLUME (*jubilant*)
- Quel plaisir d'être la Grande Patronne !… "L'auteur-eu", comme dirait Bobonne !

Madame PLUME (*se mettant debout, les bras en croix, et disant bien fort :...*) Je suis la Reine du Monde !

Julie
- Le dernier qui a dit ça, ou presque ça, il voyageait sur le Titanic. Il est mort, noyé entre deux gros glaçons.

Madame PLUME(*refroidie*)
- Je ne citais cette réplique que pour rompre la glace ! Enchaînons !

Entrée de Madame COSTA et de Max.

Mme COSTA (*à Max*)
- Voilà Mademoiselle Julie DELORME ! (à Julie) Julie, je vous présente Monsieur Max KARL, qui prend à compter de ce jour la place de Nicole.

Julie
- Définitivement ?

Mme COSTA
- Non. Après ses congés de maternité, notre nouvelle maman reprendra son poste.

Julie
- Alors, soyez le bienvenu, monsieur le remplaçant !

Max
- Merci !

Mme COSTA
- Tout d'abord, cher Monsieur KARL, sachez que j'accorde une importance capitale aux rapports humains. Le travail : oui… mais dans la joie et la bonne humeur !

Max
- Ce programme me convient tout à fait.

Mme COSTA
- Parfait. Voici votre bureau. Casez vos affaires…

Max
- Laissez, vous êtes gentille. Je tourne régulièrement dans la maison. Quatre mois dans un service, deux mois dans un autre : j'ai l'habitude !

Mme COSTA
- Très bien. Puisque vous vous débrouillez tout seul, je continue mon travail. Je porte ce dossier à Monsieur le Directeur.

Julie
- C'est noté, Madame !

Max
- Merci pour tout, Madame COSTA !

Mme COSTA
- Je vous en prie, Monsieur KARL. Et n'hésitez pas à demander à Julie ce dont vous avez besoin.

Sortie de Madame COSTA.

Max
- Y a-t-il un vestiaire quelque part ?

Julie
- Le placard du fond, à droite. Mes affaires sont sur le côté droit et vous utiliserez le côté gauche.

Max
- Mon nom vous incite à me placer à gauche ?

Julie
- Pardon ?

Max
- Parce que je me nomme "KARL Max" ?

Julie
- Et vous trouvez ça drôle ?

Max
- Pas du tout ! Et votre réaction me rassure. Je n'ai que trop entendu de mauvaises plaisanteries à ce sujet, et comme je suis quelqu'un d'entier…

Julie
- Quelle coïncidence !

Max
- Plaît-il ?

Julie
- … Que vous soyez entier et que je sois antillaise !

Max
- C'est de l'humour ?

Julie
- Non. Simplement, vous m'avouez que vous êtes entier, et il se trouve que je suis originaire des Antilles.

Max
- Blague très lourde mise à part, je ne vois pas tellement le rapport…

Julie
- Autrement dit : mes origines antillaises ne vous intéressent pas ?!

Max
- Ah, pas du tout !

Julie
- Eh bien, en ce qui me concerne, je n'ai strictement rien à foutre que vous soyez entier !

Max
- Enfin, quelqu'un de direct !

Julie
- Ma façon de parler ne vous choque pas ?

Max
- Bien au contraire : j'adore ça ! Si vous saviez comme je hais ces gens qui n'osent pas dire ce qu'ils pensent, qui ne bavardent que pour vous flatter, qui abondent sans cesse dans

votre sens, gardant comme un secret leurs propres opinions.

Julie
- Votre langage me plaît, Monsieur KARL !

Max
- Faîtes-moi ce plaisir : appelez-moi Max !

Julie
- Je tiens à vous signaler que votre langage me plaît, et seulement votre langage.

Max
- Sincèrement, Julie, je ne cherche pas à vous draguer. Je suis simplement heureux et surpris de rencontrer enfin une personne franche, avec qui j'entrevois une bonne relation de travail. Ni plus ni moins.

Julie
- Alors, va pour Max… À condition que, pour vous, je me fasse Julie !?

Max
- Entendu.

Entrée de Madame COSTA.

Mme COSTA
- S'il vous plaît, Julie ! Je n'arrive pas à mettre la main sur le dossier "BOULANGER"…

Julie
- Je l'ai aperçu… sur votre bureau, Max.

Max
- Dossier "BOULANGER", tenez, Julie !

Mme COSTA
- Bravo, les enfants ! Je constate avec plaisir que le courant passe bien. Le travail dans la joie et la bonne humeur ! J'adore.

Julie
- N'allez pas imaginer des choses !

Max
- Nous sympathisons en tout bien tout honneur.

Mme COSTA
- Je sais, je sais. Je connais ma Julie. Elle est très attachée à son fiancé.

Max
- Qu'il n'ait aucune crainte à mon sujet. La franchise de Julie me donne l'envie d'être de ses amis, rien d'autre.

Mme COSTA
- Tant mieux ! Surtout qu'entre nous, le fiancé en question est pilier de rugby.

Max
- Il est donc préférable de ne pas se "mêler" de ses affaires.

Mme COSTA
- Se mêler ! Ah, se mêler ! Et de l'humour, avec ça ! Parfait !

Madame COSTA se dirige vers la sortie, le dossier sous le bras, au moment où Max l'interpelle.

Max
- Vous nous quittez déjà ?

Mme COSTA
- Quelques détails à régler et je reviens. À tout de suite !

Elle sort.

Max
- Quelle charmante bonne femme !

Julie
- Oui, et toujours d'humeur égale… La joie et la bonne humeur, d'accord… mais il ne faudrait tout de même pas en oublier le travail.

Max
- Très juste. J'attends les consignes.

Julie
- Vous devez traiter les dossiers au fur et à mesure de leur arrivée, et les classer, une fois votre travail terminé, dans le bureau "archives"…

Max
- … Lorsque j'ai transmis toutes les données indispensables au traitement de ces dossiers sur le nouveau système informatique.

Julie
- Vous connaissez déjà la procédure ?

Max
- Chez Monsieur RANAVALO, j'ai tenu exactement le même emploi.

Julie
- Prêt à l'emploi ?

Max
- Prêt… Enfin, presque !

Il sort un cadre de sa sacoche et le pose sur son bureau, face à lui, sans montrer la photographie insérée dans ce cadre.

Max
- Voilà ! Maintenant, je suis prêt.

Julie
- Votre petite amie ?

Max
- … Oui !… Ma chienne.

Julie
- Quel mot charmant pour désigner la femme de ses pensées !

Max
- Mais non, Julie ! Il s'agit véritablement de ma chienne. Admirez !

Max montre la photographie de son Boxer que Julie découvre en même temps que le public.

Julie
- Ah, oui ! Ces chiens baveurs !

Max
- Elle ne bave pas !

Julie
- Vous habitez dans une villa ?

Max
- Non, mais je sors GALATÉE régulièrement…

Julie
- Un Boxer dans un appartement ! Et vous le promenez sur les trottoirs ?

Max
- Nous sommes obligés d'emprunter les trottoirs pour nous rendre jusqu'au terrain de jeux.

Julie
- Les trottoirs pourris qui fleurent bon la crotte de chien.

Max
- Jamais ! Moi, je ne l'ai jamais laissée faire…

Julie
- Tout le monde dit ça !

Max
- Mettons-nous au travail : ça vaudra mieux !

Julie
- D'accord sur ce point.

Un silence.

Max
- Mais pourquoi mordez-vous quand on vous parle de chiens ?

Julie
- Nous devions travailler aux dernières nouvelles !?

Max
- Je vous en prie, Julie. Je voudrais dissiper ce point de discorde.

Julie
- Eh bien, puisque vous y tenez, je pense qu'au lieu de s'encombrer d'un chien, vous seriez mieux inspiré de donner cet argent, gaspillé pour ces pollueurs de trottoirs, aux oeuvres humanitaires.

Max
- Mais, bien sûr ! Suivons votre raisonnement jusqu'au bout ! Arrêtez de vous maquiller et donnez l'argent prévu pour le maquillage aux oeuvres humanitaires. Habillez-vous en "soldes", prenez un appartement plus petit, changez de véhicule…

Julie
- Vous répondez à côté.

Max
- Pas du tout. Je vis avec une chienne, ce qui ne m'empêche pas de faire un don quand l'occasion se présente.

Julie
- Mais pourquoi un molosse dans un appartement ?

Max
- Parce que j'aime cette race.

Julie
- C'est plutôt pour vous protéger.

Max
- N'importe quoi !

Julie
- Mon fiancé, lui au moins, n'a pas besoin de chien. C'est un homme, lui ! Un vrai !

Max
- Non, mais…

Julie
- "Non, mais" quoi ?

Max
- Je parie que tu n'es qu'une grosse carnassière !

Julie
- Ah, on se tutoie, maintenant ?! Nous n'avons pas élevé les cochons ensemble, monsieur le trouillard !

Max
- Moi, même un cochon, je le respecte. Tandis que toi…

Julie
- Brillante idée ! Emmène encore un cochon dans ton appartement. Ce serait chouette ! Vive la propreté ! Un chien baveur et deux cochons !

Max
- Deux cochons ?

Julie
- Oui, toi aussi, tu dois être un gros cochon !

Entrée de Madame COSTA.

Mme COSTA
- Coucou ! Me revoilà ! Comment ça va, les enfants ?

Julie
- Demandez donc à ce gros cochon ! Moi, je m'en vais !

Sortie de Julie, à droite.

Max
- Laissez, c'est moi qui pars ! (*criant vers Julie, déjà sortie*) Empoisonneuse de chiens !

Sortie de Max, à gauche. Madame COSTA, seule et triste, s'adresse au public.

Mme COSTA
- Quel plaisir de travailler dans la joie et la bonne humeur !

Sortie de Mme COSTA, dépitée.

L'INTOUCHABLE

PERSONNAGES :

PRUDENCE : la jeune chef de bureau, sans autorité sur Mathilde.

MATHILDE : l'ancienne employée, plus préoccupée par sa petite personne que par son travail.

INTRODUCTION DES PERSONNAGES :

Madame PLUME (*au public*)
- Travailler dans la joie et la bonne humeur, comme dirait Madame Costa, c'est ce que souhaiterait bien la pauvre Prudence, mais…

Entrée de Prudence.

Prudence, l'oeil fixé sur la pendule, se montre particulièrement énervée.

Prudence (*se confiant au public*)
- Oh, cette Mathilde… Jusqu'ici, je me suis retenue… mais aujourd'hui : vous allez voir ce que vous allez voir ! Je lui rappellerai qui commande ici à cette moins que rien. Dès qu'elle franchira cette porte, de bon matin… Je la materai, moi, la Mathilde ! Terminés les retards, les absences injustifiées, le maquillage et les ongles au bureau. Fini, la rigolade ! Je suis sa chef : oui ou non ? Non, mais ! Faut pas me la faire, à moi ! C'est pas parce qu'elle est de dix ans mon aînée qu'elle doit me manquer de respect, cette vieille peau !

Et puis, adieu les familiarités ! Plus de tutoiement ! La barrière, quoi. Parce que si on n'y prend garde, on se fait bouffer par le personnel. C'est vrai, ça ! Chacun à sa place et tout ira pour le mieux.

Entrée de Mathilde. Prudence lui tend la main, mais Mathilde l'embrasse.

Mathilde
- Alors, ma petite Prudence, ce week-end ? Tu…

Prudence
- "Vous" ! À l'avenir, je préfère que nous nous disions : "vous" !

Mathilde (*qui, comme à l'accoutumée, n'écoute pas sa chef et ne pose une question que pour pouvoir y répondre elle-même directement*)
- Moi, je me suis éclatée ! T'aurais vu le beau mec ! Grand, brun, les yeux verts… Le rêve…

Prudence
- Revenons à la dure réalité !

Mathilde (*coupant la parole à Prudence*)
- Et ses épaules ! T'aurais vu ses bras musclés qui m'enlaçaient. Hou ! Je frissonne partout rien que d'y penser.

Prudence
- Le beau mec, c'était hier !

Mathilde (*excitée*)
- Je le revois ce soir. Ma pauvre petite Prudence ! Comment supportes-tu cette vie de

famille toute l'année ?! Tu gâches ton existence à t'occuper sans cesse de ton mari et de tes gamins. Quel dommage ! Si tu te libérais de temps en temps, je te présenterais ce genre d'Apollon…

Prudence (*coupant la parole à Mathilde*)
- Oubliez votre mission "Apollon", nous avons à parler !

Mathilde
- Que t'arrive-t-il, ma petite Prudence ?

Prudence
- La petite Prudence a cessé d'exister.

Mathilde
- Je ne comprends pas… Si je t'ai vexée, je te jure que je ne m'en suis pas rendu compte.

Prudence
- Ni vexée ni énervée. Tout en gardant mon calme, je désire mettre quelques petites choses au point. Et, pour commencer, en tant que responsable de ce bureau, je trouve inadmissibles les appellations du genre "ma petite Prudence" !

Mathilde
- Bien, chef !

Prudence
- Ensuite, pour éviter l'excès de familiarités, je vous autorise à me vouvoyer, et vous y encourage.

Mathilde
- Bien, chef ! À vos ordres, chef !

Prudence
- N'exagérez pas. Continuez à m'appeler "Prudence", comme par le passé, mais je vous dispense de "ma petite". Je ne suis plus une gamine. Est-ce bien clair ?

Mathilde
- Reçu cinq sur cinq, chef Prudence !

Prudence
- Je déplore le fait d'adopter un instant ce ton pour vous faire entendre raison, mais vous conviendrez avec moi que nous étions parvenues à une situation qui, pour ma part, devenait insupportable. Vos absences et vos retards se multipliaient et, même présente, votre travail n'avançait pas. Par conséquent, pour parer aux éventuelles remontrances de la Direction, votre attitude m'obligeait à cumuler nos deux emplois.

Mathilde
- La chef Prudence a toujours raison !

Prudence
- Ah ! Vous voilà raisonnable. J'avoue que je redoutais votre réaction. Mais, sincèrement, Mathilde, comprenez que cela doit cesser.

Mathilde
- Je vous comprends, Prudence, et je vous approuve. Une petite explication, de temps à autre, est indispensable au bon fonctionnement d'une entreprise.

Ceci dit, Mathilde sort de son sac une trousse à maquillage et se prépare à commencer sa journée, comme d'habitude.

Prudence
- Je crains que nous ne nous soyons mal comprises !

Mathilde (*cherchant son rouge à lèvres*)
- Mais non, très chère ! Votre envolée fut mémorable, grandiose. Quel dommage que nous ne l'ayons pas enregistrée !

Prudence (*excédée*)
- Et vous vous payez ma tête, par-dessus le marché !?

Mathilde
- Ah, non alors ! J'ai déjà suffisamment de mal à maquiller la mienne.

Prudence
- Une fois pour toutes, Mathilde, je vous défends de vous farder, ou de vous peinturlurer les ongles pendant les heures de travail.

Mathilde
- Du calme, chef, du calme ! Vous courez tout droit à la dépression nerveuse.

Prudence
- Très bien ! Je sais ce qu'il me reste à faire.

Mathilde
- Enfin une bonne parole ! Travaillez, ça vous changera les idées.

Prudence
- Je préviens immédiatement le grand patron.

Elle se dirige vers le téléphone.

Mathilde
- Roger ? Mais, ma pauvre chérie, mon grand brun aux yeux verts :… c'est lui !

Prudence (*surprise, raccrochant le combiné*)
- Lui ?

Mathilde
- Je passe mes nuits avec le grand patron, ma petite Prudence !

Prudence
- C'est pas vrai ?!

Mathilde
- C'est bien vrai… et c'est vraiment bien !

Prudence
- Mais… ça ne durera pas.

Mathilde
- Quelle importance ! J'apprécie le moment présent.

Prudence
- Quand vous romprez, il vous en voudra.

Mathilde
- Mon oncle est le principal actionnaire de notre société. Je suis IN-TOU-CHABLE !

Prudence
- Mais alors, pourquoi ne pas occuper un poste plus important ?

Mathilde
- Votre compagnie me manquerait, ma petite Prudence. J'aime vous taquiner de temps en temps.

Prudence
- "Me taquiner" !? Vous vous acharnez sur moi et ça vous amuse. Vous : de toutes les bordées, et moi : toujours débordée.

Prudence craque. Elle pleure comme une petite fille. Mathilde lui offre un mouchoir et la console comme une maman.

Mathilde
- Allons, allons ! C'est fini. On est une grande fille. On souffle dans le mouchoir… Voilà ! Respirez un bon coup maintenant, ma petite Prudence, et décontractez-vous !

Prudence
- Vous me déchargeriez, ne serait-ce que d'une partie de votre boulot. Je ne demande pas le Pérou ! Juste la moitié de votre travail.

Mathilde
- Mais oui, mais oui ! On s'arrangera. Ne vous inquiétez pas !

Prudence
- Au fond, on a tort de ne pas discuter tout simplement, calmement.

Mathilde
- J'en suis convaincue. Tout se résout par le dialogue entre personnes sensées.

Prudence
- Pardonnez-moi, Mathilde. Je me suis montrée dure avec vous.

Mathilde
- Je l'avais bien mérité.

Prudence
- On oublie tout ça ?

Mathilde (*jouant l'amnésique*)
- Quoi "tout ça" ? De quoi parlions-nous ?

Prudence
- Parfait ! Remettons-nous à l'ouvrage. Le dossier de l'entreprise BERGSON n'a pas posé de problèmes ?

À partir de ce moment-là, Mathilde "maman" redevient Mathilde "l'employée inapte à l'emploi".

Mathilde
- Pas que je sache... puisque je ne l'ai pas ouvert !

Prudence
- J'adore votre sens de l'humour !

Mathilde se lève et pose le dossier sur le bureau de Prudence. Ensuite, elle prend ses affaires et s'apprête à partir.

Mathilde
- Tenez, ma petite Prudence ! Ma conscience professionnelle me pousse à ne remettre un dossier de cette importance qu'en des mains expertes.

Prudence (*persuadée qu'il s'agit d'une plaisanterie*)
- Vous me faites marcher ?!

Mathilde
- Non. Désolée, très chère ! Le colonel BROCWELL m'invite à déjeuner et mon coiffeur m'attend.
À demain, ma petite Prudence !

Sortie de Mathilde. Prudence, médusée, la regarde partir.

Prudence
- Mathilde ! Mathilde ! Où allez-vous ?… Mais… Elle est partie… Une heure avant l'heure… Ah, la vieille peau ! Mais, prudence ! Prudence, ma vieille ! Souviens-toi bien de mon prénom : "Prudence" !

Sortie de Prudence.

LA BOURSE OU LA VIE

PERSONNAGES :

MADAME PLUME.
LE MILITANT : banquier militant pour lui-même.

Madame PLUME
- Clémence et Cécile doivent exécuter les ordres de leur chef, Michel DE LA TOUR, ce qui n'est pas facile tous les jours.

Elle rejoint sa place, mais au lieu des personnages annoncés, à la grande surprise de l'auteure, entre le militant.

Le militant
- Permettez-moi, Mesdames-Mesdemoiselles-Messieurs, de vous décrire en quelques mots…

Madame PLUME *(l'interrompant)*
- Mais non, mais non ! Je ne permets rien du tout. Je n'ai jamais écrit ces quelques mots.
(au public, en montrant du doigt le militant)
Que l'auteur responsable de ce personnage le reprenne tout de suite !

Le militant *(à Madame PLUME)*
- Je vous en prie, Madame ! Laissez-moi la parole juste pour deux minutes.

Madame PLUME
- Désolée, Monsieur, mais votre présence perturbe mon spectacle.

Le militant *(suppliant)*
- Deux toutes petites minutes pour une grande cause humanitaire !

Madame PLUME *(hésitante, puis se décidant)*
- Alors… D'accord pour la bonne cause, mais à condition que votre causerie ne dure pas plus de deux minutes !?

Le militant
- Oh, merci, madame ! Et rassurez-vous : respectueux de cette scène, je n'y représenterai qu'un rapide aparté.

Madame PLUME
- Et après, vous partez !

Elle rejoint sa place.

Le militant *(au public)*
- C'est parti ! Pour sauver la planète, et donc l'Humanité, commencez donc, mes amis, par réduire l'utilisation de vos voitures. Rendez-vous à votre travail en marchant ou en pédalant sur votre vélo. Vous y gagnerez une meilleure santé, ainsi que quelques économies. Une part de ces économies pourrait se transformer généreusement en dons pour l'Unicef ou pour la recherche contre les graves maladies… Voire pour un oeuvre encore plus importante !

Madame PLUME *(intéressée)*
- Laquelle ?

Le militant *(annonçant fièrement)*
- L'investissement dans la Bourse !

Madame PLUME *(choquée)*
- Quoi ?

Le militant *(tentant de se justifier)*
- Il faut tout tenter pour faire remonter la Bourse !

Madame PLUME *(en colère)*
- C'est ça, votre oeuvre humanitaire !?

Le militant *(se retournant vers le public)*
- Aidez-moi ! Déposez votre argent dans ma banque !

Madame PLUME *(excédée)*
- Dehors !

Le militant *(suppliant Madame PLUME)*
- Aidez-moi… Et je vous aiderais à mon tour en vous conseillant un bon placement !

Madame PLUME
- C'est inutile ! Je ne connais pas de meilleur placement que celui que je m'apprête à réaliser.

Le militant *(intéressé)*
- Ah, oui ? Lequel ?

Madame PLUME *(menaçante)*
- Je vais placer immédiatement mon genou droit dans vos bourses… Et vous verrez à quelle vitesse elles remonteront !

Le militant *(choqué)*
- Oh, Madame !

Madame PLUME *(de plus en plus menaçante)*
- Dehors !

Sortie du militant.

Madame PLUME *(au public)*
- Non, mais ! Je n'ai rien contre la Bourse, mais je persiste à y préférer la Vie !

MI-CHEF MICHOU

PERSONNAGES :

CLÉMENCE BLOC : l'employée dévouée, amoureuse du chef
CÉCILE PICHON : la nouvelle employée
MICHEL DE LA TOUR : le chef
MADAME DE LA TOUR : la femme autoritaire du chef

INTRODUCTION DES PERSONNAGES :

Madame PLUME
- Bon ! Ou en étais-je avant l'arrivée de ce boursicoteur ?… Ah, oui ! Clémence et Cécile…

Entrée des deux personnages annoncés.

Madame PLUME
- … Clémence et Cécile, disais-je, doivent exécuter les ordres de leur chef, Michel DE LA TOUR… Ce qui n'est pas facile tous les jours !

Clémence
- As-tu préparé le café comme je le l'ai appris ?

Cécile
- Oui ! J'ai respecté les doses scrupuleusement.

Clémence
- Tu comprends, il est très à cheval sur son café.

Cécile
- S'il n'y avait que sur le café !

Clémence
- Tais-toi ! Il en a renvoyé pour moins que ça.

Cécile
- Je m'écrase. Pour ne pas retrouver le chômage, je m'écrase… Mais ça me démange !

Clémence
- Si tu le connaissais comme je le connais, tu le jugerais différemment.

Cécile
- Mais qu'est-ce que tu lui trouves ? Il passe sa vie à nous faire des reproches.

Clémence
- Il aime le travail bien fait.

Cécile
- Je t'en prie ! On peut aimer le travail bien fait sans se montrer aussi antipathique.

Clémence
- Il doit être malheureux, cet homme.

Cécile
- Le pauvre !

Clémence
- Écoute ! C'est sûrement lui !

Cécile

- Enfin, Clémence ! Éprouver de l'amour pour un monstre pareil !

Clémence

- Voyons, Cécile, tu délires !

Cécile

- Délire, mon oeil ! Même un aveugle le remarquerait.

Clémence

- De toutes façons, Monsieur de LA TOUR est marié.

Cécile

- Appelle-le par son prénom :… Michel ! Ça te donnera l'impression de te rapprocher de lui.

Clémence

- Arrête, tu deviens méchante !

Cécile

- Ne m'en veux pas, Clémence. Je ne cherche qu'à t'ouvrir les yeux. J'aimerais tant que tu t'intéresses à un homme qui te mérite.

Clémence

- Travaillons ! Nous prenons du retard.

Cécile

- Et si nous prenons du retard, Michel nous grondera… Michel ! Un prénom si doux pour un être si dur. A la place de sa mère, je l'aurais baptisé : "Adolf" !

Clémence
- Tu m'assommes !

Cécile
- Je me calme. Promis, je te laisse tranquille. Pour toi, ma Clémence.

Clémence
- Enfin ! Au boulot !

Cécile
- Je vérifie le dossier de Madame BUREL. J'ai pratiquement terminé.

Entrée du Chef : Monsieur Michel de LA TOUR.

Michel…
- Le café est prêt ?

Cécile
- Bonjour, Monsieur !

Michel…
- Bonjour !

Clémence
- Je vous souhaite une bonne journée, Monsieur de LA TOUR !

Michel…
- Trèves de révérences ! Et ce café ?

Clémence
- Cécile, je veux dire "Mademoiselle PICHON", s'en est occupé. Elle a posé le "thermos" sur votre bureau.

Michel…
- Bien. Et le dossier BUREL ?

Cécile
- J'ai presque terminé…

Michel…
- Presque terminé !?

Cécile
- Oui. J'ai prolongé d'une heure mon temps de travail, hier soir, ce qui m'a permis d'avancer…

Michel… (*coupant la parole à Cécile*)
- Mais, Mademoiselle PICHON, ce dossier ne devrait pas être "presque terminé". Il aurait dû être définitivement terminé ce matin.

Clémence
- Elle fait de son mieux, Monsieur de LA TOUR.

Michel…
- Prenez exemple sur Mademoiselle BLOC ! Si je le lui avais confié…

Cécile (*coupant la parole à Michel...*)
- C'est sûr ! Elle vous est tellement dévouée qu'elle l'aurait emporté chez elle, hier soir, afin de le ramener fini, ce matin, après une nuit blanche.

Michel…
- Vous vous oubliez, Mademoiselle PICHON ! Je ne tolère aucune impertinence de la part de mes employées. Sachez que beaucoup de jeunes femmes

attendent un emploi, et seraient bien aises de prendre votre place !

Clémence
- Ses paroles ont, sans aucun doute, dépassé sa pensée.

Michel…
- J'exige des excuses, Mademoiselle PICHON !

Cécile
- Je vous prie de bien vouloir m'excuser, Monsieur de LA TOUR.

Michel…
- Pour cette fois, je suis bon prince,… je les accepte !

Clémence
- Ça ne m'étonne pas ! Vous êtes si bon, Monsieur de LA TOUR.

Michel… (*s'adressant à Clémence*)
- Et l'affaire "MAXENCE" ?

Clémence
- J'ai rangé les derniers comptes sur votre bureau.

Michel…
- Parfait ! J'espère que cette lourde charge de travail ne vous a pas empêché de dormir ?

Clémence
- Pas le moins du monde, Monsieur !

Michel… (*s'adressant à Cécile*)
- Voyez, Mademoiselle ?!

Cécile
- Oui, Monsieur. Si vous le permettez, j'achève…

Michel…
- Non, laissez tout cela pour demain. On vient de me communiquer, par téléphone, que le stage d'informatique de deux jours, initialement prévu pour la semaine prochaine, peut être réalisé en une seule journée, aujourd'hui même. Pour des raisons pratiques, il débute dans une heure. Dépêchez-vous ! Vous risquez d'arriver en retard. Pour ma part, je me suis octroyé un congé. Vous pouvez disposer.

Clémence
- Merci, Monsieur de LA TOUR ! Et que ce moment de repos vous soit agréable !

Cécile
- Bonne journée, Monsieur. À demain !

Michel…
- À demain, Mesdemoiselles !

Sortie de Cécile et de Clémence. Monsieur se sert le café, met le sucre dans sa tasse, prend la petite cuillère et tourne son café. Il s'apprête à le boire lorsque arrive Madame de LA TOUR.

Madame…
- Et alors, Michou ?! Monsieur boit tranquillement son café pendant que je l'attends dans la voiture ?!

Michel…
- Mais, ma mie, je l'avais presque terminé !

Madame…
- "Presque terminé" ! Combien de fois devrais-je te répéter que je ne supporte pas les réponses du genre "presque terminé" ?!

Michel…
- Bien, ma mie, j'ai terminé.

Madame…
- Michou ! Montre-moi cette tasse !… (*prenant la tasse*), Mais qu'est-ce que tu me racontes ? Tu n'y as même pas trempé tes lèvres !

Michel…
- Ça n'a plus d'importance, ma mie. Je n'en ai plus envie.

Madame…
- Ça tombe bien, j'en voulais un.

Madame boit sous les yeux envieux de Monsieur.

Madame…
- Dépêche-toi de te préparer, au lieu de me regarder comme un imbécile !… Michou, mets ton manteau !

Michel… (*s'exécutant*)
- Oui, ma mie. Tout de suite, ma mie.

Madame…
- Et appelle-moi plutôt "chérie" que "ma mie" !
On a l'impression que tu t'adresses à ta grand-mère.

Michel…
- Bien, ma mie. Oh, pardon !

Madame…
- Tu l'as fait exprès !

Michel…
- Non… Chérie, je te jure que non !

Madame…
- Menteur ! Tu m'as déjà menti, tout à l'heure,
lorsque tu avais soi-disant "presque terminé"
ton café.

Michel…
- Je te prie de m'excuser, Chérie !?

Madame…
- A genoux les excuses, Michou ! A genoux !

Michel…
- Mais, si quelqu'un rentrait…

Madame…
- J'ai dit : "à genoux" !

Monsieur s'agenouille.

Michel…
- Je te prie de m'excuser, Chérie ?…

Madame…
- J'accepte tes excuses,… pour cette fois. Tu peux te relever.

Monsieur se relève.

Michel…
- Merci, Chérie. Tu es trop bonne.

Madame…
- N'oublie jamais que d'autres hommes me désirent et me veulent pour femme. Si je décidais de divorcer, je n'aurais que l'embarras du choix pour te remplacer.

Michel…
- Oh, non, Chérie ! Je t'en supplie !

Monsieur s'agenouille à nouveau.

Madame…
- Michou ! Relève-toi immédiatement !

Il se relève.

Michel…
- Oui, Chérie.

Madame…
- Je te ramène à la maison. Ça te permettra de te mettre à jour dans ton repassage.

Michel…
- Oh, oui, Chérie ! Allons-y ! Je brûle d'envie de repasser.

Madame…
- Va ! Installe-toi dans la voiture, je te rejoins. Je dois téléphoner.

Michel…
- Bien, Chérie.

Sortie de Monsieur. Madame téléphone.

Madame…
- Allo, mon amour,… Je dépose ma lavette de mari chez moi et j'arrive… Comment ?… S'il se doute de quelque chose ?… Mais non, voyons, il le sait… N'aie aucune crainte à ce sujet. Je l'ai épousé pour son nom et lui pour ma fortune… C'est ça !… À tout de suite… Moi aussi : je t'aime.

Madame raccroche le combiné et s'adresse au public.

Madame…
- Mais non, je ne le tyrannise pas ! Et puis si je traite Michou de la sorte, c'est de sa faute ! Il adore ça. D'ailleurs, ses employées ne doivent pas le ménager non plus. Je vois ça d'ici : elles au maquillage et mon Michou dans les dossiers. Mais je ne m'en occupe pas. Qu'ils se débrouillent entre eux. Une chance pour elles qu'elles ne soient pas dirigées par quelqu'un comme moi ! Finalement, grâce à Michou, elles

sont un peu dans mon cas : rentières ! Pauvre Michou ! Heureuses femmes !

Sortie de Madame.

FERMETURE DES BUREAUX

PERSONNAGES :

Monsieur DU BALAI : homme du monde qui se tient droit, comme un balai, et dont la perruque blonde aux cheveux raides est coiffée en l'air.

Dame CONSERVE : Dame très distinguée vêtue d'une robe de soirée de couleur argentée.

INTRODUCTION DU PERSONNAGE :

Madame PLUME
- Et, maintenant, moi qui fus danseuse, j'aimerais bien annoncer un ballet !

Entrée en marchant de Monsieur DU BALAI.

Madame PLUME
- Ah, non, Monsieur DU BALAI ! Un ballet, ce n'est pas une randonnée, c'est de la danse ! Refaite donc votre entrée en dansant, et non pas en marchant.

Monsieur DU BALAI obéit à Madame PLUME. Il sort de scène et revient en danseur classique plus que maladroit. Après un court moment, Madame PLUME met fin, d'un signe de la main, à ce spectacle lamentable ; et, pendant que Monsieur DU BALAI s'adresse au public, Dame CONSERVE entre en scène, derrière lui.

M. DU BALAI (au public)
- Du balai ! Du balai !

Dame CONSERVE
- Mais que faites-vous là, Monsieur DU BALAI ?

M. DU BALAI
- La représentation est terminée, Dame CONSERVE.
Je donne congé aux spectateurs. Du balai ! Du
balai !

Dame CONSERVE
- Il suffit, mon ami ! Il suffit ! Vous vous
conduisez comme un sot !

M. DU BALAI
- Plaît-il ?

Dame CONSERVE
- Vous manquez de respect à notre public. Est-ce
de cette manière que vous espérez le conserver ?

M. DU BALAI
- Mais, Dame CONSERVE, je ne cherche point à le
conserver puisque le spectacle arrive à son
terme. Mesdames, Mesdemoiselles, Messieurs !
Soyez assurés de mon plus profond respect ! Mais
l'heure est venue de nous quitter ! Alors : Du
balai ! Du balai !

Dame CONSERVE
- Puis-je placer un mot, s'il vous plaît ?

M. DU BALAI
- Mais je vous en prie !

Dame CONSERVE

- Monsieur DU BALAI et moi-même souhaitons que votre stage au sein des "bureaux-toc" se soit passé le plus agréablement du monde…

M. DU BALAI

- Mais le stage fini, je maintiens ce que je dis : "- Du bal…"

Dame CONSERVE (*l'interrompant*)

- De grâce, Monsieur, ne balayez plus !

M. DU BALAI

- Soit, Dame CONSERVE, je vous cède la place.

Dame CONSERVE

- Vous êtes bien aimable !

M. DU BALAI

- Je ne demande qu'à être aimé.

Dame CONSERVE (*surprise et gênée*)

- Monsieur !

M. DU BALAI

- Du BALAI, certes, mais pas de bois !

Dame CONSERVE

- Ne nous égarons pas !

M. DU BALAI

- Dame CONSERVE ?!

Dame CONSERVE

- Monsieur DU BALAI ?!

M. DU BALAI
- Vous qui sortez beaucoup en boîtes… Pourriez-vous me faire part de votre avis ?

Dame CONSERVE
- À quel propos ?

M. DU BALAI
- Au sujet de ma coiffure ?

Dame CONSERVE
- Vous désirez changer de coiffure ?

M. DU BALAI
- Oui. Mon coiffeur me propose un balayage.

Dame CONSERVE
- Suivez son conseil et revenez me voir. Nous en reparlerons à ce moment-là.

M. DU BALAI
- S'il me loupe, je le réduis en miettes.

Dame CONSERVE
- Calmez-vous, mon ami ! De toutes manières, dans votre état, ça ne peut que s'arranger.

M. DU BALAI
- Je soigne tout particulièrement ma chevelure, car, voyez-vous, chez les "DU BALAI", depuis plusieurs générations, nous souffrons cruellement de pertes de cheveux.

Dame CONSERVE
- Ne vous tracassez pas. Je vous informerai de quelques-uns de mes petits secrets. Remettons à

plus tard notre conversation sur la conservation. Venez ! L'heure tourne et nos hôtes nous attendent.

M. DU BALAI
- Un dîner chez les "De LA TOUR". Quelle corvée !

Dame CONSERVE
- Ne ronchonnez plus, s'il vous plaît ! Et saluons plutôt nos amis spectateurs !

M. DU BALAI
- Mesdames, Mesdemoiselles, Messieurs !… Du bal…

Dame CONSERVE (*lui coupant la parole*)
- Ah, non ! Pas comme cela !

M. DU BALAI (*changeant complètement d'attitude*)
- De belles minutes s'écouleront avant que la nuit ne vous invite au sommeil. Que chacune de ces minutes, remplie de toute la bonne humeur de ce spectacle, éclaire votre coeur d'un rayon de soleil, et vos lèvres d'un sourire.

Dame CONSERVE (*agréablement surprise, sous le charme*)
- Voilà qui est mieux ! Vous m'avez emballez, Monsieur DU BALAI !

M. DU BALAI
- Si je vous emballe, je ne compte point vous offrir. Je vous conserve.

Dame CONSERVE
- À quoi jouez-vous ? À me flatter, ou à me mettre en boîte ?

M. DU BALAI
- Suivez-moi ! Les confidences que j'ai à vous faire ne regardent que vous et moi.

Dame CONSERVE (*au public*)
- La fin de soirée s'annonce passionnante et pleine de surprises ! J'espère qu'il en sera de même pour chacun d'entre vous. Allez, à bientôt !

M. DU BALAI (*s'adressant au public à son tour*)
- Faites de beaux rêves… et surtout… réalisez-les !

Monsieur DU BALAI prend le bras de Dame CONSERVE, et ils sortent de scène. Ils croisent Bobonne qui fait son entrée, un chiffon à la main, et commence à dépoussiérer un bureau.

LE SALUT

PERSONNAGES :

Bobonne et Madame PLUME

Madame PLUME (*surprise, se levant*)
- Mais c'est pas vrai ?!…

Elle se déplace jusqu'au milieu de la scène et s'adresse à Bobonne.

Madame PLUME
- Qu'est-ce que vous faites encore là, vous ?

Bobonne
- Ben, le ménage !

Madame PLUME
- Et pourquoi, s'il vous plaît ?

Bobonne
- Avec tout le respect que je vous dois, Madame "l'auteu-reu", faudrait redescendre un peu sur « Ter-reu », de temps en temps ! Vous vous rappelez pas ?… Je suis Bobonne, votre femme de ménage!… Vous m'avez embauchée pour faire le ménage… alors, je fais le ménage !

Madame PLUME
- Je sais bien, mais pourquoi maintenant ?

Bobonne
- Ben, parce que le spectacle est terminé !

Madame PLUME
- Presque terminé !

Bobonne
- Vous répétez le rôle de Madame de LA TOUR ?

Madame PLUME
- Non, ma chère… regardez plutôt de ce côté-ci !

Elle incline la tête vers le public.

Bobonne (*surprise, s'adressant aux spectateurs*)
- Ben qu'est-ce que vous faites encore là, vous ?

Madame PLUME
- Ils attendent le salut.

Bobonne
- Et c'est quand ?

Madame PLUME
- C'est maintenant !

Bobonne
- Bon, d'accord. Alors…

Madame PLUME
- Salut !

Sur la musique, ou la chanson choisie pour le début et la fin du spectacle, commence le salut des acteurs.

FIN

TEXTES AJOUTÉS : LOU « petite fille »

Pour les premières représentations de « BUREAUX-TOC, BONJOUR ! », les textes suivants ont été ajoutés au spectacle pour LOU, alors petite fille.

1/ entre « PAUSE-CAFARD » et « L'ALLUMEUSE ALLUMÉE »

LE DESSIN

Entrée en scène de Lou, une feuille dans une main, un crayon dans l'autre. Elle s'installe sur l'un des bureaux et commence à dessiner. Surprise et gênée, Madame Plume s'adresse tout d'abord au public.

Madame PLUME

- La jolie demoiselle qui vient de prendre place à ce bureau sans y être invitée… (*elle montre du doigt les coulisses pour que Lou comprenne qu'elle doit partir, mais cette dernière continue tranquillement son œuvre*)… Cette jolie et entêtée demoiselle est ma petite fille, Lou, que la grève des enseignants – encore une ! – m'oblige à garder. Toutes ces grèves : c'est une honte ! Heureusement qu'en tant qu'enseignante, et donc gréviste, je me libère pour m'occuper de Lou. Sans cela, où irions-nous ? Je vous le demande !... (*à Lou*) Et toi, ma chérie, que fais-tu ici ? (*elle fait signe encore une fois à Lou de partir*).

Lou

- Mais, Mamie, tu m'as dit de dessiner… Alors, je dessine !

Madame PLUME

- Oui, mais tu devais rester dans les coulisses !

LOU

- On n'y voit plus rien : ils ont éteint la lumière.

Madame PLUME

- Et la lampe de chevet que Mamie t'a offerte ?!

Lou

- Ah, oui ! C'est vrai, j'avais oublié. Merci, Mamie !

Lou embrasse sa mamie et court, son crayon et son papier aux mains, pour rejoindre les coulisses.

2 / entre « L'ENTIER ET L'ANTILLAISE » et « L'INTOUCHABLE »

LES CRIS DE LOU

On entend les cris de Lou qui viennent des coulisses.

Lou (*criant*)

- Mamie, Mamie !

Madame PLUME (*affolée*)

- Oui, ma chérie ?!

Lou (*criant*)

- Mamie, Mamie !

Madame PLUME (*le regard inquiet vers les coulisses*)

- Qu'y a-t'il ? Tu t'es fait mal ?

Lou (*criant*)

- Mamie, Mamie !

Madame PLUME

- Viens voir Mamie, mon ange !

Entrée de Lou.

Lou (*criant*)

- Mamie !

Madame PLUME

- Quoi ?

Lou, ayant aperçu le public, préfère parler à l'oreille de sa grand-mère.

Madame PLUME

- Tu as envie de faire pipi ?

La petite fille opine de la tête.

Madame PLUME

- Et c'est pour ça que tu t'égosilles ?

La petite fille opine à nouveau de la tête.

Madame PLUME

- Mais ça ne va pas la tête ? Tu n'avais pas besoin de crier comme ça ! Tu m'as fait une de ces peurs !… Et puis tu ne pouvais pas demander aux autres comédiens ?

Lou

- J'ai demandé, mais ils ne m'écoutent pas. Ils se parlent entre eux !

Lou imite les comédiens.

- Tu crois que j'étais bien ?

- Oh, oui ! Qu'est-ce que tu étais bien !

- Et moi, est-ce que j'étais bien ?

- Oh là, là ! Trop bien ! ».

Madame PLUME

- Bon ! (*à Madame Costa*) Madame Costa,… Vous voulez bien l'accompagner ?!…

Madame Costa, comme réveillée par l'auteure, sourit pour marquer son accord, tend la main à Lou. La petite fille la rejoint et elles sortent de scène.

Madame PLUME

- (*au public*) Veuillez nous excuser, Mesdames-Mesdemoiselles-Messieurs, pour cette interruption momentanée de nos programmes. Afin d'enchaîner rapidement, je dirai que la joie et la bonne humeur, tant désirée par Madame Costa, ne correspondent absolument pas à l'état dans lequel se trouve, en ce moment, la pauvre Prudence.

2 / entre « MI-CHEF MICHOU » et « FERMETURE DES BUREAUX »

QUE VA DIRE PAPI ?

Entrée de Lou.

Lou

- Mamie ?…

Madame PLUME

- Quoi, ma chérie ?

Lou

- Que dirait Papi si tu jouais « Madame DE LA TOUR » ?…

Madame PLUME

- Que veux-tu qu'il dise ?… Tiens, tu viens de me donner une bonne idée : pour le prochain spectacle, je me glisserai dans le costume de ce personnage… (*au public*) Quoi ? Je suis l'auteure : j'ai bien le droit de me divertir de temps en temps !

Lou

- Tu vas faire pareil avec Papi ?

Madame PLUME

- Pire ! Je pense que je ferai « pire » !

Lou (*choquée*)

- Oh, Mamie !

Madame PLUME

- Mais non, mon ange, je plaisante.

Lou

- On peut rentrer à la maison ?

Madame PLUME

- Pas encore, mais c'est presque terminé. Tu peux rester avec moi, si tu veux ?

Lou

- D'accord !

Madame PLUME

- (*à Lou*) Bon. Alors, assieds-toi ici (*Lou s'assoit sagement*) et regarde bien ce qui va suivre ! (*au public*) Et si, pour finir, moi qui fus danseuse, j'introduisais un balai ?!…

TEXTES DE LOU « adolescente »

Pour LOU « adolescente », les textes ci-dessus ont été remplacés par les textes ci-dessous.

PAUSE PIZZA

PERSONNAGES :

LOU : la fausse livreuse de pizzas.

Madame PLUME.

Interventions insérées plusieurs fois dans le spectacle, aux moments choisis par le metteur en scène. Les comédiennes interprètent ce même texte, mais de façon différente à chaque « livraison », le ton étant donné par LOU : une fois sensuelle, une autre fois pressée, etc…

Entrée en scène de Lou, un carton de Pizza dans les mains. Elle s'adresse au public…

LOU

- Qui a demandé Lou pour une pizza au bon goût ?

Madame PLUME (*entre en scène et s'adresse à LOU*)

- Je n'ai jamais écrit ça !

LOU

- Une voix me l'a commandée au téléphone : « - Bureaux-toc, bonjour… »

Madame PLUME *(l'interrompant)*

- Vous vous trompez de voie, ma p'tite ! *(montrant du doigt la sortie)* Dehors !

Sortie de Lou, suivie par Madame PLUME.

PAUSE PIZZA, dernière livraison.

(Dernière intervention de Lou, insérée au moment choisi par le metteur en scène)

Entrée en scène de Lou, un carton de Pizza dans les mains. Elle s'adresse au public…

LOU

- Qui a demandé Lou pour une pizza au bon goût ?

Madame PLUME *(entre en scène et s'adresse, en aparté, au public)*

- Encore elle ! Trouvons un stratagème pour s'en débarrasser ! *(à Lou)* Veuillez m'excuser, ma pauvre Lou ! J'avais oublié, mais c'est bien moi qui ai commandé cette certainement succulente, *(au public)* bien que froide, *(revenant à Lou)* pizza. Combien vous dois-je, ma chère ?…

LOU

- Rien : le carton est vide.

Madame PLUME *(surprise)*

- Comment ?

LOU

- J'interprétais un rôle et vous y avez cru. J'ai toujours rêvé de devenir comédienne et je crois que j'ai trouvé ma voie.

Madame PLUME *(en colère)*

- Permettez que je vous montre une autre voie : celle de la sortie ! « - Bureaux-toc, bonsoir ! ». *(Sortie de Lou)*. Non, mais ! Quel toupet, cette pizzaïo-LOU !

Sortie de Madame PLUME.

LE STAGIAIRE IMPRÉVU

Saynète à intégrer entre deux autres saynètes (pour donner un rôle à un adolescent)

PERSONNAGES :

Alex : le stagiaire, adolescent, fils de Gabriel.

Gabriel : l'employé, père d'Alex.

Nicole : la chef de Gabriel.

INTRODUCTION DES PERSONNAGES :

Madame PLUME
- Si je m'amuse à raconter des histoires, d'autres s'emberlificotent à colporter des mensonges… jusqu'au jour où ils se retrouvent au pied du mur…

Entrée de Gabriel, qui décroche le combiné du téléphone.

Madame PLUME (*à Gabriel*)
- N'est-ce pas, Gabriel ?!

Tout en jetant un regard noir à Madame PLUME, Gabriel compose son numéro.

Gabriel
- Virgil, c'est Gaby !… Rends-moi un petit service, s'il te plaît ! Dès que Nicole arrive, passe-moi un coup de fil pour me prévenir… J'ai besoin de cinq minutes pour mettre mon fils au courant… Tu sais bien ! Au départ de Maurice, je devais le remplacer et devenir le nouveau chef du bureau, mais la promotion de Nicole a tout changé… L'ennui c'est que j'ai fait croire à mon entourage que j'avais été promu, et que Nicole n'était que ma secrétaire… Oui ! Merci de ton soutien, vieux ! A charge de revanche !…

Il raccroche le téléphone.

Gabriel (*appelant son fils*)
- Voilà, Alex ! Tu peux rentrer : tout est en ordre.

Entrée d'Alex.

Alex
- À vos ordres, chef !

Gabriel
- « Papa » ! Continue de m'appeler « Papa », s'il te plaît ! Et surtout pas de « chef » entre nous !

Alex
- Bien reçu, Papa !

Gabriel
- Mon garçon… à cause de la fermeture prématurée du magasin qui s'était engagé à t'accueillir en tant que stagiaire, et de l'idée géniale de ta

mère, qui s'est permis de contacter mon patron, sans me prévenir…

Alex
- Ça te contrarie ?

Gabriel
- Non ! Non, mais j'aurais préféré qu'elle m'en parle, avant. À mon avis, il aurait été plus judicieux, si tu persistes à vouloir entreprendre des études pour exercer le passionnant métier de vétérinaire…

Alex
- Trop tard ! Les vétos affichaient déjà complets.

Gabriel
- Enfin, bref ! Mon garçon, tu commences aujourd'hui ton stage dans l'entreprise ou je travaille et…

Alex
- Et c'est super ! Si tu savais comme je suis content d'être le premier de la famille à découvrir ta « deuxième maison ». Et puis, pour une semaine, faire ça ou peindre la girafe !

Gabriel
- « Peigner » ! On dit « peigner la girafe ». Mais revenons à nos moutons ! Mon garçon, si nous sommes rentrés tôt, ce matin, avant l'arrivée de mes collègues…

Alex
- T'inquiète ! Je serai à la hauteur !

Gabriel
- Je n'en doute pas. Le problème n'est pas là.

Alex
- No problem ! (*s'approchant du bureau de Nicole*)… Ah ! Voilà le bureau de ta secrétaire. Celle qui oublie toujours un dossier…

Gabriel
- À ce propos, justement, mon garçon…

Alex
- … Celle qui est amoureuse de toi, mais qui n'ose pas te l'avouer…

Gabriel
- Il faut qu'on parle !

Alex
- … Celle qui s'endort quelquefois sur son ordinateur, à cause de ses nuits mouvementées, et qui baye aux Molières.

Gabriel
- « Aux corneilles » ! On dit « bayer aux corneilles ». Enfin, voyons !

Alex
- Te fatigue pas, Papa ! Je sais rester discret. Je serai muet comme une carpette.

Gabriel
- Comme une carpe !

Alex
- Hein ?

Gabriel
- On ne dit pas « comme une carpette », mais «comme une carpe », et on ne dit pas « hein », mais « comment » !

Alex
- T'inquiète ! Je saurai me tenir correctement… Alors, ça y est : tu reprends du poil de la tête ?

Gabriel
- De la bête ! Du poil de la bête ! Mais c'est pas possible ! Rassure-moi : tu le fais exprès ?

Alex
- Bien sûr que je le fais exprès ! J'essaie de te détendre un peu. Tu m'as l'air tellement nerveux.

Gabriel
- Si tu veux vraiment que je me détende : tais-toi ! Et écoute-moi très attentivement.

Alex
- Promis : plus un mot.(*plaçant ses mains derrière ses oreilles*). Radars parés à recevoir tes messages.

Gabriel
- Mon garçon… dans un bureau ne comprenant que deux employés, le travail se partage tout naturellement entre le responsable et le personnel dit exécutant. Si bien que l'on en vient à se demander : qui dirige vraiment ?…

Le discours mal engagé de Gabriel est interrompu par la sonnerie du téléphone. Il répond à l'appel.

Gabriel (*au téléphone*)
- Bureaux-toc, bonjour… Bonjour, Monsieur de LA TOUR ! C'est Gaby… Oui. Je mets tout en place. Ce sera prêt à votre arrivée : je m'en occupe tout de suite… A tout à l'heure, Monsieur de LA TOUR ! Mes respects, Monsieur de LA TOUR… (*il raccroche le combiné et parle à son fils*).C'était Monsieur de LA TOUR…

Alex
- J'avais compris !

Gabriel
- Arrête de m'interrompre à tout bout de champ ! C'était Monsieur de LA TOUR, le grand patron. Il m'a demandé de préparer son bureau pour une affaire importante. Je m'absente pour deux petites minutes. Toi, tu ne bouges pas d'ici. Dès mon retour, je t'informerai sur les choses essentielles que tu dois connaître avant de rencontrer qui que ce soit. Tu m'as bien compris ?

Alex
- Bien sûr, Papa ! Je n'suis pas demeuré. (*théâtral*) « Je suis jeune, il est vrai, mais aux âmes bien nées… ».

Gabriel
- Molière !

Alex
- Eh non : « Corneille » !

Gabriel
- Je le savais. Je te faisais marcher. Gamin, va ! À tout de suite !

Sortie de Gabriel. Alex, resté seul, s'assied au bureau qu'il suppose être celui de son père, et imite le chef du bureau.

Alex
- Je suggère, ma petite Nicole, que l'on complète notre commande de fournitures de bureau en y ajoutant un coussin. Nous éviterons ainsi les traces que laissent, sur votre visage, les touches de votre clavier, lors de vos siestes quotidiennes. (*Sonnerie du téléphone. Alex répond…*) Bureaux-toc, bonjour !… Désolé, mais il est absent pour le moment… Je peux prendre un message… Trop tard ?!… Ah, bon !… Au revoir !

Entrée de Nicole au moment où Alex raccroche le téléphone.

Nicole
- Bonjour, Alex ! Car vous êtes bien Alex, le fils de Gaby, je présume ?

Alex (*se levant*)
- Oui, Madame ! Bonjour, Madame !

Nicole
- Vous répondez déjà aux communications téléphoniques !? C'est très bien ! Qui était-ce ?

Alex
- Il ne s'est pas présenté, mais j'ai cru reconnaître Virgil.

Nicole
- Et que voulait-il ?

Alex
- Je ne sais pas. Il voulait parler à mon père, puis il a estimé que c'était « trop tard ».

Nicole
- Bizarre ! Enfin, ça ne devait pas être très important. Bienvenue dans notre entreprise, jeune homme !

Alex
- Merci, Madame ! Vous savez, je ne demande qu'à rendre service…

Nicole
- Parfait ! Aujourd'hui, nous allons vérifier notre stock de fournitures de bureau.

Alex
- … Et si vous êtes trop fatiguée, sachez que je suis capable de vous remplacer à la dactylo.

Nicole (*surprise*)
- Comment ?

Alex
- En revanche, je refuse tout régime de faveur sous prétexte que mon père est votre chef… ou parce que vous l'aimez bien.

Nicole (*allant de surprises en soupçons*)
- Votre père vous a donc bien informé sur ma personne et sur mes fonctions.

Alex
- Oui.

Nicole
- Alors, quand vous rédigerez votre rapport de stage, comment me décrirez-vous ?

Alex
- Je décrirai plutôt votre travail de secrétaire… mais ni votre vie privée, ni votre attirance pour mon père ne seront dévoilées.

Nicole (*choquée*)
- Mon attirance…

Alex
- Pardon, mais c'est ma mère qui m'a chargé de…

Nicole
- Qu'elle n'ait aucune inquiétude à ce sujet. Avec le temps, je me suis fait une raison.

Entrée de Gabriel.

Gabriel
- Bonjour, Nicole !

Nicole
- Bonjour, chef ! Toujours aussi élégant !

Gabriel (*surpris*)
- Je vous demande pardon ?

Nicole
- Bon début, mais c'est un peu court !

Alex (*théâtral*)
- « C'est un peu court, jeune homme… » ! « Cyrano » !

Nicole
- « La tirade du nez ». Excellent, Alex ! (*à Gabriel*) Sympathique, beau garçon et cultivé. Il est très bien, votre fils ! Dommage qu'il ne soit pas… le nôtre !

Gabriel
- Le nôtre ?

Nicole
- Oui ! Celui que nous aurions eu, si vous aviez succombé à mes avances !

Gabriel (*de plus en plus gêné et surpris*)
- Je vous demande pardon ?

Nicole
- Vous pouvez !

Alex (*en aparté, au public*)
- Elle est déchaînée. Son ami lui a sûrement posé un lapin, et elle a enfin pu dormir une nuit entière.

Nicole
- Allons tout de suite, tous les trois, en salle de réunion, si vous le voulez bien, chef ! Je crois que nous avons à parler.

Sortie de Nicole.

Alex
- La vache ! Comment elle te parle ! Ça lui prend souvent ?

Gabriel
- Non. Elle s'énerve quelquefois, mais ça ne se produit qu'une fois par mois.

Alex
- Ah, d'accord !

Gabriel
- Suivons-la !

Sortie d'Alex et de Gabriel.

NOTES ET ANECDOTES

Après une formation au théâtre classique, à la diction, etc. Après quelques années d'expérience en tant que comédien amateur, je décidais de fonder ma troupe de théâtre amateur : la compagnie théâtrale Les Saisonniers.

Après avoir partagé mes connaissances en matière de diction et d'art dramatique,je cherchais une pièce de théâtre à mettre en scène qui pourrait donner au moins un rôle à chaque membre de la troupe.

À l'instar de la majorité des compagnies de théâtre amateur, ma troupe de «… Saisonniers » était composée d'une majorité féminine. Il me fallait donc trouver un spectacle réunissant les conditions suivantes : avoir plus de rôles féminins que de rôles masculins, pouvoir interpréter plusieurs saynètes de courte durée (avec la possibilité de ne donner qu'un rôle à un comédien débutant, voire plusieurs personnages à une comédienne chevronnée ou volontaire).

Finalement, au lieu de chercher un spectacle, j'ai créé « Les Bureaux-Toc ». Cette première version fut donc interprétée par les membres de la compagnie théâtrale « Les Saisonniers ».

Quelques années plus tard, ayant quitté mon rôle de directeur de troupe pour ne garder que celui de comédien amateur, je transformais « Les Bureaux-Toc » en « Bureaux-Toc, bonjour ! ».

Je modifiais quelques saynètes et en ajoutait quelques autres au spectacle initial.
Je remercie au passage mon ami Jean-Jacques - le directeur de la troupe « Passanlou Productions » - pour sa superbe mise en scène.
« - Passanlou ? », me direz-vous, « - quel est ce mot introuvable dans le dictionnaire ? ».
Lou est la fille du directeur de « Passanlou… » et de son épouse (comédienne dans la troupe) et, quelles que soient leurs activités, ils ne les faisaient pas sans leur fille, « pas sans Lou ».
Pour que Lou, alors petite fille, ait sa place dans le spectacle, j'ai donc créé quelques saynètes pour notre benjamine ; et, pour notre doyenne, Marie-Louise, l'auteure, Madame PLUME, a remplacé l'auteur initial.

Note supplémentaire :

la saynète « Drôle de mission pour Cupidon » est devenue - grâce au talent de Jean-Claude VERDURE, que je remercie - un film d'animation visionnable sur Internet.

BUREAUX-TOC, BONJOUR !

Ordre des saynètes du spectacle, etc.